≫ 校园图书角必备藏书

U0623194

校园赠言

XIAO YUAN ZENG YAN

徐井才◎主编

新 华 出 版 社

图书在版编目（CIP）数据

校园赠言/徐井才主编．
—北京：新华出版社，2013.1（2023.3重印）
ISBN 978 - 7 - 5166 - 0350 - 5 - 01

Ⅰ.①校…　Ⅱ.徐…　Ⅲ.①格言—世界—少儿读物
Ⅳ.①H033 - 49

中国版本图书馆 CIP 数据核字（2013）第 018059 号

校园赠言

主　　编：徐井才

封面设计：睿莎浩影文化传媒　　　责任编辑：沈文娟

出版发行：新华出版社
地　　址：北京石景山区京原路 8 号　　　邮　　编：100040
网　　址：http：//www.xinhuapub.com
经　　销：新华书店
购书热线：010 - 63077122　　中国新闻书店购书热线：010 - 63072012
照　　排：北京东方视点数据技术有限公司
印　　刷：永清县晔盛亚胶印有限公司

成品尺寸：165mm×230mm
印　　张：12　　　　　　　字　　数：180 千字
版　　次：2013 年 3 月第一版　　印　　次：2023年3月第四次印刷
书　　号：ISBN 978 - 7 - 5166 - 0350 - 5 - 01
定　　价：36.00 元

教你轻松写赠言

最受小学生欢迎的名家赠言

生活篇

励志篇

小学生常用赠言集粹

教你轻松写赠言

您是大地，
　　为我们遮挡风雨；
　　您是太阳，为我们的生活带来光明。
　　亲爱的父亲，祝您健康、快乐！

一 运用修辞手法写赠言

同学们，你们有没有写过赠言呢？是不是觉得提起笔不知道该怎么写呢？其实写祝福语言没有那么难，只要你掌握方法，自己就可以写出很好的祝福语了。下面就跟着我一起学习写赠言吧。

运用比喻手法写赠言

例 您是大树，为我们遮挡风雨；您是太阳，为我们的生活带来光明。亲爱的父亲，祝您健康、快乐！

范例解析

这里把"父亲"比做"大树"和"太阳"，形象贴切地表现了父爱的深广、伟岸，正是因为比喻修辞的运用，使得这句祝福语形象、感人。

运用拟人手法写赠言

例 路边的小草招招手，诉说着对母校的依恋；枝头的小鸟把歌唱，赞颂着老师的勤劳。在离别可爱的校园之际，让我们一起祝福母校美丽繁荣，祝福老师幸福安康。

范例解析

这则赠言借小草摇摆的姿态形象地表现了即将离校的孩子们对母校的依依不舍，借小鸟的叫声抒发了学生对老师的热爱和赞颂，本则赠言语言符合孩子的心理特点，表达形象而又生动，情感真挚而又深切。

运用排比手法写赠言

例 走过山山水水，脚下高高低低；经历风风雨雨，还要寻寻觅觅；收获多多少少，贵在享受点滴。分别即使就在眼前，也请昂首前进。亲爱的朋友，愿你一切顺顺利利。

范例解析

这则赠言是离别赠言，用精辟富有哲理的语言揭示了生活和奋斗的真谛，意在鼓舞即将远行的朋友不畏困难，勇敢前行。

运用夸张手法写赠言

例 任凭浊浪三千尺，仍胸怀凌云壮志，这就是默默奔向成功的你给我们的启示。

范例解析

这则赠言运用夸张手法写出了你需要面对的困难之大，"凌云壮志"更是凸显了你的意志之坚定，赞美之情溢于言表。夸张手法的运用让这则赠言的语言更加生动，情感表达更加真切。

运用引用手法写赠言

例 "天生我材必有用，千金散尽还复来。"朋友，不要灰心，不要失望，努力前行吧！相信前方总有一条属于你的光明大道。

范例解析

　　这则赠言引用唐代诗人李白《将进酒》中的名句，"天生我材必有用，千金散尽还复来"，令人倍增自信、备受鼓舞。这句赠言言语真挚，情感真切，让人读后信心大增。

二 运用关联词语写赠言

运用转折关系的关联词语写赠言

> 例　我们脚下的路，虽然窄小而曲折，但是它通向社会，是宽阔而平坦的大道的起点。莫犹豫，莫徘徊，让我们勇敢向前走吧。

范例解析

　　这则赠言运用表示转折关系的关联词语"虽然……但是……"写出了眼下的小路正是走向光明大道的起点，告诉我们不要害怕，不要犹豫，勇敢向前走。

运用假设关系的关联词语写赠言

> 例　如果你是一只雄鹰，就不要有低空徘徊的惰性；如果你是一片大海，就要有海纳百川的包容。摒弃惰性，用勤劳铺路；拥有包容，为成功导航。

范例解析

这则赠言运用表示假设关系的关联词语"如果……就……"点明了我们要胸怀大志、宽容待人，句式整齐，语言富含哲理。

运用并列关系的关联词语写赠言

例 有时你像一阵轻柔的风儿，为疲惫的我送来了轻松；有时你像黑暗中的一缕阳光，为迷茫的我带来了希望……亲爱的妈妈哟，您的恩情我怎么能够忘记？

范例解析

这里运用表示并列关系的关联词语"有时……有时……"写出了母亲对自己的关怀和帮助，我们一定要牢记母亲的恩情。赠言语言形象生动，表达的情感真挚感人。

运用递进关系的关联词语写赠言

例 愿我的祝福是一朵鲜花，盛开在你的天空下，不仅为你的生日增添一点儿温馨的情调，还为你的快乐增添一片美丽的光华。

范例解析

这是一则生日赠言，本则赠言运用表示递进关系的关联词语"不仅……还……"写出了赠言人诚挚的祝福，也让情感的表达层层加深。

运用因果关系的关联词语写赠言

例 因为，你曾在此刻降临到这美好的人间，所以，这美好的人间，将在你降临的时刻，给予你无限的爱以及无限的欢乐。

范例解析

这里运用表示因果关系的关联词语"因为……所以……"写出了生日的祝福，因为"你"给美好的人间带来了惊喜，所以美好的人间给予"你"无限的爱和欢乐。

三 运用感叹句写赠言

经典赠言

例 青山如此巍峨，大海如此广阔！抬起头来吧，亲爱的朋友！伟大的热情真神奇，相信它能战胜一切！

范例解析

青山如此巍峨，大海如此广阔，进而鼓励朋友迎难而上，相信热情的力量可以战胜一切。感叹句的运用让这则赠言的感情表达得更加强烈，给人留下了深刻的印象。

最受小学生欢迎的名家赠言

希望是厄运的忠实的姐妹。

——普希金

应该笑着面对生活，不管一切如何。

——伏契克

生活篇

人生哲理

成功并不能用一个人达到什么地位来衡量，而是依据他在迈向成功的过程中，到底克服了多少困难和障碍。

——华盛顿

名家介绍

华盛顿

美国第一任总统，也是一位著名的教育家。在美国独立战争中，他任大陆军总司令，为美国的独立作出了巨大的贡献。1789年当选总统，1793年再选连任。由于他对争取美国独立、发展美国经济、建设民主法制和巩固联邦基础所作的贡献，被美国人尊称为"国父"。

赠言赏析

美国著名领袖华盛顿的这句话，为我们揭示出了一个深刻的道理：成功不仅仅是看最终的结果，成功更在于拼搏的过程。

名人小故事

在父亲的农场里,有一棵小樱桃树,那是父亲为纪念华盛顿的出生而栽种的。华盛顿一天天长大,小樱桃树也一年比一年长高了。华盛顿一心想长大做一名威武的军人。有一次,他打算做一把小木枪,把自己武装起来。他本想让父亲帮帮忙,可看到父亲成天忙于工作,没有时间,于是决定自己动手。他拿起锯子、斧子,找了一棵容易砍倒的小树,把它锯倒了。他万万没料到:这棵树就是父亲最心爱的那棵樱桃树,这下可闯了大祸。

父亲知道这件事后,大发脾气,质问是谁干的。华盛顿躲在屋子里,非常害怕。他想了想,还是勇敢地走到父亲面前,带着惭愧的神色说:"爸爸,是我干的。""小家伙,你把我喜爱的樱桃树砍倒了,你不知道我会揍你吗?"

华盛顿见父亲怒气未消,回答说:"爸爸,您不是说,要想当一个军人,首先就得有诚实的品质吗?我刚才告诉您的是一个事实呀。我没有撒谎。"

听儿子这么一说,父亲意识到,孩子身上的优良品质要比自己心爱的樱桃树珍贵得多。他一把抱住华盛顿,说:"爸爸原谅你,孩子。承认错误是英勇的行为,要比一千棵樱桃树还有价值。"

路是脚踏出来的，历史是人写出来的。人的每一步行动都在书写自己的历史。

——吉鸿昌

社会犹如一条船，每个人都要有掌舵的准备。

——易卜生

人生的价值，并不是用时间，而是用深度去衡量的。

——托尔斯泰

一个能思想的人，才真是一个力量无边的人。

——巴尔扎克

为了生活中努力发挥自己的作用，热爱人生吧。

——罗丹

冬天已经到来，春天还会远吗？

——雪莱

过去属于死神，未来属于你自己。

——雪莱

世间的活动，缺点虽多，但仍是美好的。

——罗丹

辛勤的蜜蜂永远没有时间悲哀。

——布莱克

希望是厄运的忠实的姐妹。

——普希金

当你的希望一个个落空，你也要坚定，要沉着！

——朗费罗

先相信你自己，然后别人才会相信你。

——屠格涅夫

三军可夺帅也，匹夫不可夺志也。

——孔子

人，只要有一种信念，有所追求，什么艰苦都能忍受，什么环境也都能适应。

——丁玲

生活的理想，就是为了理想的生活。

——张闻天

不等待机会所送礼物的人，就是征服了命运。

——阿诺德

自己的命运由自己创造，而且应该绝对排除虚伪和坏事。

——契诃夫

世界值得你征服，也值得你去享受。

——歌德

智慧和命运交锋时，如果智慧有敢作敢为的胆识，命运就不会动摇它。

——莎士比亚

不管是什么样的人，命运之神都赋予了他一种他人所没有的优秀才能。

——埃萨

青年最要紧的精神，是要与命运奋斗。

——恽代英

每个人都主宰着自己的命运。

——恽代英

人生不售来回票，一旦动身，绝不能复返。

——罗曼·罗兰

生命如同寓言，其价值不在于长短，而在于内容。

——内纳文特

命运有它神秘的大权，它可以使用它

的大棍子，打击我们的精神生活。失望是心灵上的贫困。只有最伟大最坚强的意志，才能抵抗。

——雨果

人生应该如蜡烛一样，从顶燃到底，一直都是光明的。

——萧楚女

生命里最重要的事情是要有个远大的目标，并借助才能与坚持来完成它。

——歌德

生活好比旅行，理想是旅行的路线，失去了路线，只好停止前进。

——雨果

应该笑着面对生活，不管一切如何。

——伏契克

严冬劫掠去的一切，新春会给你还来。

——海涅

人生的路上本是布满荆棘，但是，成功者用希望之光照亮他的旅途，用忍耐的火烧净了那些荆棘。

——茅盾

用热情与真诚面对生活的人，得到的报酬是充实的生活。

——叶圣陶

让我们来创造如诗如画的生活。

——舒曼

生命，那是大自然交给人类雕琢的宝石。

——诺内尔

每个人都是自己命运的建筑师。

——克劳狄乌斯

一个人的命运主要是由他自己的双手锻造的。

——彼特拉克

美好的人生是一种由爱所激励、由知识所指导的生活。

——罗素

记住，当人生的道路陡峭的时候，要保持沉着。

——林肯

人生是一张白纸，每个人都在上面写上自己的一两句话。

——洛威尔

走你自己的路，让人家去说吧！

——但丁

生活有百分之十在于你如何塑造它，有百分之九十在于你如何对待它。

——柏林

只有向后看，才能理解生活；但要生活好，则必须向前看。

———克尔恺郭尔

世上无难事，只怕有心人。

———李光庭

在艰苦的日子里要坚强，在幸福的日子里要谨慎。

———高尔基

人间没有永恒的夜晚，世界没有永恒的冬天。

———艾青

人生能有几回搏。

———容国团

尊师重教

三人行，必有我师焉。择其善者而从之，其不善者而改之。

——孔子

名家介绍

孔子

孔子（公元前551年—公元前479年），名丘，字仲尼，中国春秋末期的思想家和教育家，儒家学派的创始人。孔子集华夏上古文化之大成，对后世影响深远，虽说他"述而不作"，但他在世时已被誉为当时社会上最博学者之一，后世尊称他为"至圣"（圣人之中的圣人），美国诗人、哲学家爱默生认为"孔子是全世界各民族的光荣"。

赠言赏析　　这句千年以来家喻户晓的话，表现出孔子尊师好学的精神。我们身边的每个人实际上都是我们的良师益友，都有各自的长处，我们应该从他们身上学习优点，改正缺点。

名人小故事

公元前521年春，孔子得知他的学生宫敬叔奉鲁国国君之命，要前往周朝京都洛阳去朝拜天子，他觉得这是个向周朝守藏史老子请教"礼制"学识的好机会，于是征得鲁昭公的同意后，与宫敬叔同行。到达京都的第二天，孔子便徒步前往守藏史府去拜望老子。正在书写《道德经》的老子听说誉满天下的孔丘前来求教，赶忙放下手中的刀笔，整理衣冠出迎。孔子见大门里出来一位年逾古稀、精神矍铄的老人，料想便是老子，急趋向前，恭恭敬敬地向老子行了弟子礼。进入大厅后，孔子再拜后才坐下来。老子问孔子为何事而来，孔子离座回答："我学识浅薄，对古代的'礼制'一无所知，特地向老师请教。"老子见孔子这样诚恳，便详细地讲述了自己的见解。

　　回到鲁国后，孔子的学生们请求他讲解老子的见解。孔子说："老子博古通今，通礼乐之源，明道德之归，确实是我的好老师。"同时还打比方赞扬老子，他说："鸟儿，我知道它能飞；鱼儿，我知道它能游；野兽，我知道它能跑。善跑的野兽我可以结网来逮住它，会游的鱼儿我可以用丝条缚在鱼钩来钓到它，高飞的鸟儿我可以用良箭把它射下来。至于龙，我却不能够知道它是如何乘风云而上天的。老子，其犹龙邪！"

师者，所以传道授业解惑也。

——韩愈

一日为师，终身为父。

——关汉卿

教师不仅是知识的传播者，而且是模范。

——布鲁纳

师者，人之模范也。

——扬雄

天才可贵，培养天才的泥土更可贵。

——鲁迅

我能取得一些成就，全靠我的老师栽培。

——华罗庚

务学不如务求师。

——扬雄

圣人无常师。

——韩愈

古之圣王，未有不尊师者也。

——吕不韦

教师是人类灵魂的工程师。

——斯大林

教师是太阳底下最光辉的职业。

——夸美纽斯

明师之恩，诚为过于天地，重于父母多矣。

——葛洪

致天下之治者在人才，成天下之才者在教化。

——胡瑗

片言之赐，皆吾师也。

——梁启超

教师——他是学生智力生活中的第一盏指路明灯。

——苏霍姆林斯基

教师不仅是知识的传播者，而且是模范。

——布鲁纳

随风潜入夜，润物细无声。

——韩愈

教师像一支红烛，燃烧得越旺，心里越欢畅，燃烧得越彻底，心里越快慰，即使燃烧到最后，也还要进行勇敢的冲刺……

——巴特尔

教师好比一支蜡烛，不断地燃烧、消耗着自己，照亮着别人前进的道路；又像一根粉笔，散播着智慧的种子，把知识传授给别人，而渐渐损磨着自己；又像一只梯子，让人踩着自己的肩膀攀上高峰，去采摘胜利的果实。

——罗国杰

教师像一座山一样，出现在第三条战线上——学习的战线上，书本的战线上，好像一个骑兵，一个英勇的前线战士——一个英雄。

——马雅可夫斯基

园丁的汗水，在绿叶上闪光；教师的汗水，在心灵中结果。园丁的梦境，常常是花的芳香，叶的浓荫；教师的梦境，常常是稚甜的笑脸，书声琅琅……

——巴特尔

落红不是无情物，化作春泥更护花。

——龚自珍

幼儿如同幼苗，从种子中冒出嫩绿浅黄的幼芽，有着新鲜气象；而教育者是园丁，把这些欣欣向荣的娇嫩幼苗尽力养护。

——别林斯基

一个和孩子长年在一起的人，他的心灵永远活泼像清泉。一个热情培育小苗的人，他会欣赏它生长。一个忘我劳动的人，他的形象在别人的记忆中活鲜。一个用心温暖别人的人，他自己的心也必然感到温暖。

——臧克家

桃李不言，下自成蹊。

——辛弃疾

幽兰在山谷，本自无人识。只为馨香重，求者遍山隅。

——陈毅

月儿把她的光明遍照在天上，却留着她的黑斑给她自己。

——泰戈尔

鞠躬尽瘁，死而后已。

——诸葛亮

朋友情谊

人生得一知己足矣，斯世当以同怀视之。

——鲁迅

名家介绍

鲁迅

鲁迅（1881年—1936年），浙江绍兴人，原名周樟寿，1898年改为周树人，以笔名鲁迅闻名于世。鲁迅的作品包括杂文、短篇小说、评论、散文、翻译作品，对于"五四"运动以后的中国文学产生了深刻的影响。中年以后的鲁迅先生时常穿一件朴素的中式长衫，头发像刷子一样直竖，浓密的胡须形成了一个隶书的"一"字。毛主席评价他是伟大的无产阶级的文学家、思想家、革命家，是中国文化革命的主将。鲁迅先生以笔为武器，战斗了一生，也被人民誉为"民族魂"。

赠言赏析　这是鲁迅先生赠给瞿秋白同志之辞，意思是说只要有一个充分理解自己的真朋友就可以了。在艰难困苦之中，心灵深处的纽带牢固地连在一起，患难相扶。有这样的朋友，你在最需要的时候能得到他的帮助。在最不经意的小事上，他给了你最真的情谊。

名人小故事

1932年初夏的一天，瞿秋白由冯雪峰陪同，来到鲁迅家。他们的第一次会面，竟如久别重逢的朋友那样，亲切自然，无拘无束，而毫无陌生人的那种矜持与尴尬的表情。他们畅所欲言，从政治谈到文艺，从希腊谈到苏联，甚至日常生活中的琐事，也谈得津津有味，妙趣横生。

不知觉间，已经到了中午，鲁迅特意准备酒菜，两人又是边饮边谈，似乎有着永远说不完的话，直到夜幕降临，才依依惜别。

第一次见面后，瞿秋白仍期待着与鲁迅的再次会面，以继续他们未尽的话题。可是，笼罩在上海的白色恐怖，给他们的行动带来极大的不便。9月1日上午，天空下着绵绵细雨，鲁迅特意选择这样的阴雨天，以摆脱特务的盯梢，他和许广平带着小海婴，来到瞿秋白住处。瞿秋白夫妇见到鲁迅一家，心中特别高兴。两人见面后很少客套，很快便切入主题，讨论文字改革和文字发音。看着他们谈兴正浓，杨之华悄然退出，来到饭馆叫了一桌饭菜。可是，当他们坐下用餐时，才发觉菜已经凉了，而且味道也不好，杨之华心中很不安，鲁迅却全不在意。席间，仍和主人谈笑风生，十分亲热。鲁迅在日记中是这样记述的："一日雨，午前同广平携海婴访何家夫妇，在其寓午餐。"

真实的十分理智的友谊，是人生最美好的无价之宝。

——高尔基

在背后称赞我们的人就是我们的良友。

——塞万提斯

事实上，每个人的朋友中都有先进与落后的，问题在于我们怎样去帮助后进朋友，使他进步，切莫跟着他随波逐流，这才是真正的"够朋友"。

——谢觉哉

友情在我过去的生活里就像一盏明灯，照彻了我的灵魂，使我的生存有了一点点光彩。

——巴金

人之相知，贵相知心。

——李陵

少年乐新知，衰暮思故友。

——韩愈

人生乐在相知心。

——王安石

把友谊归结为利益的人，我认为是把友谊中最宝贵的东西勾销了。

——西塞罗

一松一竹真朋友，山鸟山花好弟兄。

——辛弃疾

友谊真是一样最神圣的东西，不光是值得特别推崇，而且值得永远赞扬。

——薄伽丘

要成好人，须寻好友。

——吕德胜

友谊永远是一个甜蜜的责任，从来不是一种机会。

——纪伯伦

在快乐时，朋友会认识我们；在患难时，我们会认识朋友。

——柯林斯

不要靠馈赠去获得朋友。你须贡献你诚挚的爱，学会怎

样用正当的方法来赢得一个人的心。

——苏拉格底

真正的朋友不把友谊挂在口上，他们并不为了友谊而互相要求点什么，而是彼此为对方做一切办得到的事。

——别林斯基

仁爱的话，仁爱的诺言，嘴上说起来是容易的，只有在患难的时候，才能看见朋友的真心。

——克雷洛夫

不论是多情诗句，漂亮的文章，还是闲暇的欢乐，什么都不能代替无比亲密的友谊。

——普希金

最快乐的时间，就是和最知心的朋友，同在最美的环境之中，却是彼此静默着没有一句话说。

——冰心

哦，朋友，我的心儿说：有了你，苍穹才高高拱起；有了你，玫瑰才火红艳丽。

——爱默生

人生离不开友谊，但要得到真正的友谊才是不容易，友谊总需要忠诚去播种，用热情去灌溉，用原则去培养，用谅解去护理。

　　　　　　　　　　　　　　　　——马克思

真实的十分理智的友谊是人生最美好的无价之宝。

　　　　　　　　　　　　　　　　——高尔基

友谊像清晨的雾一样纯洁，奉承并不能得到友谊，友谊只能用忠实去巩固它。

　　　　　　　　　　　　　　　　——马克思

有很多良友，胜于有很多财富。

　　　　　　　　　　　　　　　　——莎士比亚

友谊的基础在于两个人的心肠和灵魂有着最大的相似。

　　　　　　　　　　　　　　　　——贝多芬

真友谊像磷火——在你周围最黑暗的时刻显得最亮。

　　　　　　　　　　　　　　　　——D.M.琼斯

真正的友情，是一株成长缓慢的植物。

　　　　　　　　　　　　　——华盛顿

世间最美好的东西，莫过于有几个头脑和心地都很正直的严正的朋友。

　　　　　　　　——爱因斯坦

友谊不用碰杯，友谊无需礼物，友谊只不过是我们不会忘记。

——王蒙

友情从这里开始，苦难巩固它，欢乐装饰它。寒冷中感到它的温暖，暗夜里见到它的光辉。

——巴金

理解无疑是培育一切友情之果的土壤。

——威尔逊

朋友是好书，读通了便为知己。

——王泽民

友谊不再增长的时候，它马上会开始下降——对于一个人的友谊总是不进则退，两者之间没有静止和平衡状态。

——亨利·詹姆斯

友谊是宁神药，是兴奋剂；友谊是大海中的灯塔，沙漠里的绿洲。

——吴乔

如果说，友谊能够调剂人的感情的话，那么友谊的又一种作用则是能增进人的智慧。

——培根

朋友之间保持一定的距离，而使友谊永存。

——查理士

惜别伤怀

　　一千次，我读到分别的语言；一百次，我看到分别的画面。然而今天，是我们——我和你，要跨过这古老的门槛。不要祝福，不要再见，那些都像表演。最好是沉默，掩藏总不算欺骗。把回想留给未来吧，就像把梦留给海上的帆。

——舒婷

名家介绍

　　舒婷，中国女诗人，出生于福建省龙海市石码镇，祖籍福建省泉州市，居住于厦门鼓浪屿。1969年下乡插队，1972年返城当工人，1979年开始发表诗歌作品，1980年至福建省文联工作，从事专业写作。主要著作有诗集《双桅船》《会唱歌的鸢尾花》《始祖鸟》，散文集《心烟》等。　舒婷崛起于20世纪70年代末的中国诗坛，她和同代人北岛、顾城、梁小斌等以迥异于前人的诗风，在中国诗坛上掀起了一股"朦胧诗"大潮。舒婷是朦胧诗派的代表人物，《致橡树》是朦胧诗潮的代表作之一。

赠言赏析　　这则赠言表达了在离别的忧伤后，一种积极的追求和鼓励。在这样的赠言的感染之下，我们也应该学着去用潇洒的心境，积极面对生活中出现的失落、悲伤。

名人小故事

年轻时，诗歌是舒婷的生命，成家之后，舒婷把家庭放在了第一位。儿子即将离家读大学，只要设想儿子离家（其实还有一年多），舒婷不由得心中发虚，好像要挖掉一大块肉似的。为使自己届时不乱了阵脚，舒婷给儿子的临别赠言写道：

儿子，无论你遇到什么，失恋、伤痛、过失、吸毒、战争，我都将义无反顾保持精力和信心，为你的康复与你一起努力。任何时候你感到孤单，渴求温暖，你都会看到身后有我，你从不远离、永不失望的母亲。

像你的同代人一样，你是我们的独生儿子。我们一直鼓励你和同龄孩子交朋友，为你举办Party，支持你参加学校各项活动；不问给你打电话的是谁，仅适当管制时间，因为你有功课，而我们也需要电话。我自己很依赖友情，上帝慷慨赐予我许多肝胆相照的朋友，他们不但是我一生最大的财富，其柔光淡彩，同样荫护在你成长的过程中。

由此可见，舒婷是一位称职的母亲呢，正如她自己所说："我是一个没有出息的女人。我更在意丈夫、孩子、家。为呵护我的儿子，我有四五年没有提笔写诗了。"

离愁弥漫世界，在无际的天空中生出无数的情境。

——泰戈尔

丈夫志四海，万里犹比邻。

——曹植

天下伤心处，劳劳送客亭。

——李白

秋风清，秋月明。落叶聚还散，寒鸦栖复惊。相思相见知何日，此时此夜难为情。

——李白

何时一樽酒，重与细论文？

——杜甫

正是江南好风景，落花时节又逢君。

——杜甫

唯有相思似春色，江南江北送君归。

——王维

今日送君须尽醉，明朝相忆路漫漫。

——贾至

去年花里逢君别，今日花开已一年。

——韦应物

欲知别后思今夕，汉水东流是寸心。

——钱起

门外若无南北路，人间应免别离愁。

——杜牧

东去长安万里余，故人何惜一行书。

——岑参

一在天之涯，一在地之角。

——韩愈

故人一别几时见，春草还从旧处生。

——顾况

别后悠悠君莫问，无限事，不言中。

——秦观

人生到处知何似？应似飞鸿踏雪泥。泥上偶然留指爪，鸿飞那复计东西？

——苏轼

临别赠言友朋事。有殷勤六字，君听取：节饮食，慎言语。

——蒋捷

夜长春梦短，人远天涯近。

——欧阳修

我住长江头，君住长江尾。日日思君不见君，共饮长江水。

——李之仪

从别后，忆相逢，几回魂梦与君同。

——晏几道

想人生最苦离别。花谢了三春近也，月缺了中秋到也，人去了何日来也。

——张鸣善

画船儿载将春去也，空留下半江明月。

——卢挚

武林门外送行舟，万种离情逐水流。今夜月明何处泊?天涯回首不胜愁。

——蒲方

十年别泪知多少，不道相逢泪更多。

——徐熥

新竹高于旧竹枝，全凭老干为扶持；明年再有新生者，千丈龙孙绕凤池。

——郑板桥

我的朋友，你的语声飘荡在我的心里，像那海水的低吟之声，缭绕在静听着的松林之间。

——泰戈尔

劝君更尽一杯酒，西出阳关无故人。

——王维

莫愁前路无知己，天下谁人不识君。

——高适

孤帆远影碧空尽，唯见长江天际流。

——李白

又送王孙去，萋萋满别情。

——白居易

海内存知己，天涯若比邻。无为在歧路，儿女共沾巾。

——王勃

昔时人已没，今日水犹寒。

——骆宾王

下马饮君酒，问君何所之？君言不得意，归卧南山陲。但去莫复向，白云天尽时。

——王昌龄

勤奋惜时

　　科学的灵感，决不是坐等可以等来的。如果说，科学上的发展有什么偶然的机遇的话，那么这种"偶然的机遇"只能给那些学有素养的人，给那些善于独立思考的人，给那些具有锲而不舍的精神的人，而不会给懒汉。

——华罗庚

名家介绍

　　华罗庚（1910年—1985年），国际数学大师，中国科学院院士，中国解析数论、矩阵几何学、典型群、自导函数论等多方面研究的创始人和开拓者。

　　他为中国数学的发展作出了无与伦比的贡献。华罗庚先生早年的研究领域是解析数论，在解析数论方面的成就尤其广为人知，国际间颇具盛名的"中国解析数论学派"即华罗庚开创的学派，该学派对于质数分布问题与哥德巴赫猜想作出了许多重大贡献。他在多复变函数论、矩阵几何学方面的卓越贡献，更是影响到了世界数学的发展。

赠言赏析 　　华罗庚的这则赠言用精辟的语言揭示了一个深刻的哲理：在攀登科学高峰的路上，只有勤奋地用锲而不舍的精神去探索，才可能走向成功。懒惰的人永远不会有什么作为。

名人小故事

1910年11月12日，华罗庚出生于江苏省金坛县一个小商人家庭，父亲华瑞栋，开一间小杂货铺，母亲是一位贤惠的家庭妇女。华罗庚出生时，父亲已经40岁。40岁得子，夫妻俩把儿子看成掌上明珠，为了给儿子祝福，当儿子刚出生时，他们就用两个箩筐扣住了他，华罗庚的名字也因此而得。

　　他12岁进入金坛县立初级中学学习，初一之后，便深深爱上了数学。1925年他初中毕业后，因家境贫寒，无力进入高中学习，只好到黄炎培在上海创办的中华职业学校学习会计，为的是能谋个会计之类的职业养家糊口。不到一年，由于生活费用昂贵，被迫中途辍学，回到金坛帮助父亲料理杂货店。在单调的站柜台生活中，他开始自学数学。他回家乡一面帮助父亲在"乾生泰"这个只有一间小门面的杂货店里干活、记账，一面继续钻研数学。回忆起当时他刻苦自学的情景，他的姐姐华莲青说："尽管是冬天，罗庚依然在柜台上看他的数学书。鼻涕流下时，他用左手在鼻子上一抹，往旁边一甩，没有甩掉，就这样伸着，右手还在不停地写……"

　　那时罗庚站在柜台前，顾客来了就帮助父亲做生意，打算盘、记账，顾客一走就又埋头看书演算起数学题来。有时入了迷，竟忘了接待顾客，甚至把算题结果当做顾客应付的货款，使顾客吓一跳。因为经常发生类似的莫名其妙的事情，时间久了，街坊邻居都传为笑谈，大家给他起了个绰号，叫"罗呆子"。

　　每逢遇到怠慢顾客的事情发生，父亲又气又急，说他念"天书"念呆了，要强行把书烧掉。争执发生时，华罗庚总是死死地抱着书不放。

　　后来，回忆起这段生活，他说："那正是我应当接受教育的年月，但一个'穷'字剥夺掉我的梦想：在西北风口上，擦着鼻涕，一双草鞋一支烟，一卷灯草一根针地为了活命而挣扎。"即使是这样，他仍顽强地自学到18岁。

在世界上我们只活一次，所以应该爱惜光阴。必须过真实的生活，过有价值的生活。

——巴甫洛夫

一寸光阴一寸金。

——王贞白

莫等闲，白了少年头，空悲切。

——岳飞

不要为已消尽之年华叹息，必须正视匆匆溜走的时光。

——布莱希特

当许多人在一条路上徘徊不前时，他们不得不让开一条大路，让那些珍惜时间的人赶到他们的前面去。

——苏格拉底

敢于浪费哪怕一个钟头时间的人，说明他还不懂得珍惜生命的全部价值。

——达尔文

成功＝艰苦劳动＋正确的方法＋少说空话。

——爱因斯坦

枯木逢春犹再发，人无两度再少年。

——陶潜

花有重开日，人无再少年。

——关汉卿

任何一种对时间的点滴浪费，都无异于是慢性自杀。

——茅以升

一生最好是少年，一年最好是春天，一朝最好是清晨。

——李大钊

时间，就像海绵里的水，只要愿挤，总还是有的。

——鲁迅

时间是世界上一切成就的土壤。时间给空想者痛苦，给创造者幸福。

——麦金西

时间是伟大的导师。

——伯克

时间是一个伟大的作者，它会给每个人写出完美的结局来。

——卓别林

时间最不偏私，给任何人都是二十四小时；时间也最偏私，给任何人都不是二十四小时。

——赫胥黎

忘掉今天的人将被明天忘掉。

——歌德

书山有路勤为径，学海无涯苦作舟。

——韩愈

从不浪费时间的人，没有工夫抱怨时间不够。

——杰弗逊

时间是由分秒积成的，善于利用零星时间的人，才会做出更大的成绩来。

——华罗庚

时间是我们的真正统治者，它永远不会赦免你。

——王蒙

时间是宝贵的，珍惜时间吧！请做时间的主人，不做时间的奴隶。

——乔安山

快！开始生活吧！要把每一天当做一生来度过。

——塞涅卡

抛弃时间的人，时间也抛弃他。

——莎士比亚

少不勤苦，老必艰辛。

——林逋

读书勤乃有，不勤腹空虚。

——韩愈

合理安排时间，就等于节约时间。

——培根

今天所做之事勿候明天，自己所做之事勿候他人。

——歌德

一分耕耘，一分收获。要收获得好，必须耕耘得好。

——徐特立

爱好出勤奋，勤奋出天才。

——郭沫若

勤能补拙是良训，一分辛劳一分才。

——华罗庚

把活着的每一天看做生命的最后一天。

——海伦·凯勒

时间就是生命，时间就是金钱。

——富兰克林

天才是百分之一的灵感加上百分之九十九的汗水。

——爱迪生

天才出于勤奋。

——高尔基

人生苦短，若虚度年华，则短暂的人生就太长了。

——莎士比亚

只要我们能善用时间，就永远不愁时间不够用。

——歌德

赢得了时间就赢得了一切。

——列宁

人若把一生的光阴虚度，便是抛下黄金未买一物。

——萨迪

最聪明的人是最不愿浪费时间的人。

——但丁

没有加倍的勤奋，就既没有才能，也没有天才。

——门捷列夫

勤勉而顽强地钻研，永远可以使你百尺竿头更进一步。

——舒曼

集腋成裘，聚沙成塔。几秒钟虽然不长，却构成永恒长河中的伟大时代。

——弗莱彻

抓住今日，少信明天。

——贺拉斯

完成工作的方法是爱惜每一分钟。

——达尔文

一刻千金，莫负青春！

——臧克家

黑发不知勤学早，白首方悔读书迟。

——颜真卿

时间就是生命，时间就是速度，时间就是力量。

——郭沫若

坚强自信

凡是坚信自己，并且坚信自己的思想具有生命力的人，一定会跨过一切障碍。

——高尔基

名家介绍

高尔基

高尔基（1868年—1936年）出身贫穷（生于木工家庭），幼年丧父，11岁即为生计在社会上奔波，当过装卸工、面包房工人。贫民窟和码头成了他的"社会"大学的课堂。他与劳动人民同呼吸共命运，亲身经历了资本主义残酷的剥削与压迫。这对他的思想和创作发展具有重要影响。高尔基是社会主义现实主义文学的奠基人，列宁称他为"无产阶级艺术最杰出的代表"。

赠言赏析　　一切困难在坚强与自信面前都会变得不堪一击，高尔基的这句话正是证明了这一真理的准确性。当我们遇到挫折时，不要怯懦，坚信自己，那么困难就变成了纸老虎。

名人小故事

高尔基10岁的时候，进了一家裁缝店当学徒工。他每天什么杂活都干，累得腰酸背疼，甚至直不起腰来。

有一次，高尔基从邻居那里借来一本小说，藏在炉灶的后面，晚上等主人睡了，他才取出书来，在窗前借着月光读起来。可是字太小，看不清楚。他又凑到圣像前的小油灯下读起来。看着看着，他不知不觉就睡着了，直到老板娘把他踢醒。听到老板娘的嚷叫声，老板也气呼呼地走过来，一番训斥之后，把高尔基撵出了裁缝店。

高尔基流浪到了伏尔加河，在一艘轮船上做了帮厨师洗碗的小伙计。他的顶头上司是厨师斯穆雷，斯穆雷有一个书箱，里面有各种各样的书。斯穆雷对高尔基就像对兄弟一样关心，那些书随便让他看。

这个书箱是高尔基的聚宝盆，里面有不少著名作家的小说。每天晚上忙完厨房里的活儿，斯穆雷就让高尔基读书给他听。心地善良、情感丰富的斯穆雷，会为书中的人物牵肠挂肚，或兴高采烈，或唉声叹气，或放声大哭。这情景深深打动了年幼的高尔基。原来好书的魅力这样大，从而激起了他强烈的读书欲望。这段船上的生活，对高尔基的一生都有重大影响。

最可怕的敌人，就是没有坚强的信念。

——罗曼·罗兰

只要持续地努力，不懈地奋斗，就没有征服不了的东西。

——塞涅卡

强者容易坚强，正如弱者容易软弱。

——爱默生

不害怕痛苦的人是坚强的，不害怕死亡的人更坚强。

——迪亚娜夫人

顽强这就是作家技能的秘密。

——杰克·伦敦

自信是成功的第一秘诀。

——爱默生

深窥自己的心，而后发觉一切的奇迹在你自己。

——培根

任何人都应该有自尊心、自

信心、独立性，不然就是奴才。

——徐特立

除了人格以外，人生最大的损失，莫过于失掉自信心了。

——培尔辛

有信心的人，可以化渺小为伟大，化平庸为神奇。

——萧伯纳

坚决的信心，能使平凡的人们，做出惊人的事业。

——马尔顿

强烈的信仰会赢取坚强的人，然后又使他们更坚强。

——华特·贝基霆

哪怕是自己的一点小小的克制，也会使人变得强而有力。

——高尔基

男儿立身须自强。

——李颀

以不息为体，以日新为道。

——刘禹锡

眼前多少难甘事，自古男儿多自强。

——李咸用

自强为天下健，志刚为大君之道。

——康有为

自强像荣誉一样，是一个无滩的岛屿。

——拿破仑

要知道，能在困境中保持自强是多么令人崇敬啊！

——朗费罗

信心是人的征服者；它战胜了人，又存在于人的心中。

——马·法·塔伯

人可以攀登任何高处，但为此需要决心和信心。

——安徒生

成功者的态度包含众多的成分。但是，最重要的是具有自信心。

——丹尼斯·威特勒

信心是一种心境，有信心的人不会在转瞬间就消沉沮丧。如果一个人从他的荫庇所被驱逐出来，他就会去造一所尘世的风雨不能摧残的屋宇。

——海伦·凯勒

果断就获得信心，信心就产生力量，力量是胜利之母。

——亨利希·曼

人，只能在他对自己的力量具有信心的领域获得某种成就。

——费尔巴哈

本领加信心是一支战无不胜的军队。

——乔·赫伯特

有了自信才懂得生活。

——歌德

自信有能力，就会有能力；决心成功，往往会真正成功。

——斯迈尔斯

只有相信自己的人，才能对别人忠诚。

——弗罗姆

不能自立的社会是不能真正前进的。

——尼赫鲁

天助自强者。

——富兰克林

尘世中的幸事，首要的是独立。

——吉朋

　　一个人可能在战场上勇克千军，但只有战胜自己才是最伟大的胜利者。

——尼赫鲁

　　强者能同命运的风雨抗争。

——爱迪生

　　人最强大的敌人就是他自己。

——彼特拉克

　　只有强者才懂得斗争；弱者甚至失败都不够资格，而是生来就被征服的。

——斯威特切尼

　　请记住，环境愈艰难困苦，就愈需要坚定毅力和决心。

——列夫·托尔斯泰

　　你若失掉了勇敢——你就把一切都失掉了。

——歌德

　　人要有毅力，否则一事无成。

——居里夫人

　　能够使我漂浮于人生的泥沼中而不致陷污的，是我的信心。

——但丁

顽强的毅力可以征服世界上任何一座高峰。

——狄更斯

一个人的力量在于顽强的毅力，没有毅力的人无异于草木。

——瓦鲁瓦尔

有必胜信念的人才能成为战场上的胜利者。

——希金森

我们应该有恒心，尤其要有自信心。

——居里夫人

理想信念

　　每个人都有一定的理想，这种理想决定着他的努力和判断的方向。就这个意义上，我从来不把安逸和快乐看做生活目的的本身——这种伦理基础，我叫它猪栏的理想。

——爱因斯坦

名家介绍

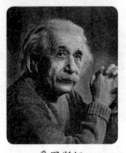

爱因斯坦

　　爱因斯坦（1879年—1955年），世界十大杰出物理学家之一，现代物理学的开创者、集大成者和奠基人，同时也是一位著名的思想家和哲学家。爱因斯坦1900年毕业于苏黎世工业大学，入瑞士国籍。1905年获苏黎世大学哲学博士学位。曾在伯尔尼专利局任职，在苏黎世大学、布拉格德意志大学担任大学教授。1913年返德国，任柏林威廉皇帝物理研究所所长和柏林大学教授，并当选为普鲁士科学院院士。1921年获诺贝尔物理学奖。1933年因受纳粹政权迫害，迁居美国，任普林斯顿高级研究所教授，从事理论物理研究，1940年入美国国籍。1999年被美国《时代周刊》评选为"世纪伟人"。

赠言赏析　　爱因斯坦这句话，为我们揭示出了一个深刻的道理：人活着不仅要有理想，而且要有崇高的理想。在理想这盏指路明灯的指引下，我们才能走向光明的人生。

名人小故事

爱因斯坦小时候是个十分贪玩的孩子。直到16岁的那年秋天的一个上午，父亲将正要去河边钓鱼的爱因斯坦拦住，并给他讲了一个故事，正是这个故事改变了爱因斯坦的一生。故事是这样的：

"昨天，"爱因斯坦的父亲说，"我和咱们的邻居杰克大叔去清扫南边工厂的一个大烟囱。那烟囱只有踩着里边的钢筋梯子才能上去。你杰克大叔在前面，我在后面。后来，钻出烟囱，我们发现了一个奇怪的事情：你杰克大叔的后背、脸上全都被烟囱里的烟灰蹭黑了，而我身上竟连一点烟灰也没有。"

爱因斯坦的父亲继续微笑着说："我看见你杰克大叔的模样，心想我肯定和他一样，脸脏得像个小丑。于是，我就到附近的小河里去洗了又洗。而你杰克大叔呢，他看见我钻出烟囱时干干净净的，就以为他也和我一样干净呢，于是只草草洗了洗就大模大样地上街了。结果，街上的人都笑痛了肚子，还以为你杰克大叔是个疯子呢！"

爱因斯坦听罢，忍不住和父亲一起大笑起来。父亲笑完了，郑重地对他说："其实，谁也不能做你的镜子，只有自己才是自己的镜子。拿别人做镜子，自己就会轻易满足，把自己照成了天才。"

爱因斯坦听了，顿时满脸愧色。从此，他时时用自己做镜子来审视和映照自己，终于映照出了他生命中的光辉。

　　一个人有了远大理想，就是在最艰苦困难的时候，也会感到幸福。

——徐特立

　　每个人的生命都是一只小船，理想是小船的风帆。

——张海迪

　　人是要靠理想才能生活的，没有理想，就会失去生活的力量。

——杨朔

　　理想是珍珠，一颗缀连着一颗，贯古今，串未来，莹莹光无尽。

——流沙河

　　世界上最快乐的事，就是为理想而奋斗。

——苏格拉底

在这一人航海的人生浩瀚大海中，理想是罗盘，热情是疾风。

——波普

理想越崇高，生活就越纯洁。

——伏尼契

理想是人生的太阳。

——德莱塞

理想是指路明灯。没有理想，就没有坚定的方向；而没有方向，就没有生活。

——列夫·托尔斯泰

对于人生，理想是不可缺少的。

——列夫·托尔斯泰

人的活动如果没有理想的鼓舞，就会变得空虚而渺小。

——车尔尼雪夫斯基

没有理想，即没有某种美好的愿望，也就永远不会有美好的现实。

——陀思妥耶夫斯基

生活中没有理想的人，是可怜的人。

——屠格涅夫

如果一个人的头上缺少一颗指路明星——理想，那他的生活将会是醉生梦死的。

——苏霍姆林斯基

理想不抛弃苦心追求的人，只要不停止追求，你们就会沐浴在理想的光辉之中。

——巴金

缺乏理想的现实主义是毫无意义的，脱离现实的理想主义是没有生命的。

——罗曼·罗兰

理想是闹钟，敲碎你的黄金梦；理想是肥皂，洗濯你的自私心。理想既是一种获得，又是一种牺牲。

——流沙河

一个没有远大理想和崇高生活目的的人，就像一只没有翅膀的鸟，一台没有马达的机器，一盏没有钨丝的灯泡。

——张华

理想必须要人们去实现它，这就不但需要决心和勇敢，而且需要知识。

——吴玉章

现实是此岸，理想是彼岸，中间隔着湍急的河流，行动则是架在河上的桥梁。

——克雷洛夫

无论是人类还是民族，如果没有崇高的理想，就不能生存。

——陀思妥耶夫斯基

一个人有了崇高的伟大的理想，还一定要有高尚的情操。没有高尚的情操，再崇高、再伟大的理想也是不能达到的。

——陶铸

凡事以理想为因，实行为果。

——鲁迅

理想不是一只细瓷碗，破碎了不能够补；理想是朵花，谢落了可以重新开放。

——刘心武

心头没有愿望，等于地上没有空气。

——布尔维尔·利顿

最可怕的敌人，就是没有坚强的信念。

——罗曼·罗兰

信念是鸟，它在黎明仍然黑暗之际，感觉到了光明，唱出了歌。

——泰戈尔

由百折不挠的信念所支持的人的意志，比那些似乎是无敌的物质力量具有更大的威力。

——爱因斯坦

只要厄运打不垮信念，希望之光就会驱散绝望之云。

——郑秀芳

伟大的作品不只是靠力量完成，更是靠坚定不移的信念。

——塞缪尔·约翰逊

1个有信念者所开发出的力量，大于99个只有兴趣者。

——列夫·托尔斯泰

信念最好能由经验和明确的思想来支持。

——爱因斯坦

人，只要有一种信念，有所追求，什么艰苦都能忍受，什么环境也都能适应。

——丁玲

信念是储备品，行路人在破晓时带着它登程，但愿他在日暮以前足够使用。

——柯罗连科

信念不是到处去寻找顾客的产品推销员，它永远也不会主动地去敲你的大门。

——赵鑫珊

如果一个人有足够的信念，他就能创造奇迹。

——温赛特

为理想的实现而生活，则生机盎然。

——迪斯累里

信念只有在积极的行动之中才能够生存，才能够得到加强和磨炼。

——苏霍姆林斯基

理想失去了，青春之花也便凋零了，因为理想是青春的光和热。

——裴多菲

理想无非就是逻辑的最高峰，同样美就是真的顶端。艺术的民族同时也是彻底的民族。爱美就是要求光明。

——雨果

有生命力的理想决不能像钟表一样，精确计算它的每一秒钟。

——泰戈尔

进步是目的，理想是标准。

——雨果

人生最高之理想，在求达于真理。

——李大钊

理想的实现只靠干，不靠空谈。

——德谟克里特

只有同这个世界结合起来，我们的理想才能结出果实；脱离这个世界，理想就不结果实。

——罗素

一种理想就是一种力量！

——罗曼·罗兰

没有伟大的愿望，就没有伟大的天才。

——巴尔扎克

信念！有信念的人经得起任何风暴。

——奥维德

希望曙光

战士是永远追求光明的，他并不躺在晴空下面享受阳光，却在黑暗里燃烧火炬，给人们照亮道路，使他们走向黎明。

——巴金

名家介绍

巴金（1904年—2005年），原名李尧棠，现代文学家、出版家、翻译家。同时也被誉为是"五四"新文化运动以来最有影响的作家之一，是20世纪中国杰出的文学大师、中国当代文坛的巨匠。巴金1927年完成第一部中篇小说《灭亡》，1929年在《小说月报》发表后引起强烈反响。其中《家》是巴金的代表作，也是我国现代文学史上最卓越的作品之一。

赠言赏析 　　让我们做一个勇敢的战士吧！不要躺在晴空下享受阳光，要在黑暗中燃烧火炬，点亮希望之路。巴金爷爷的这句赠言鼓舞了无数人的斗志和与黑暗作斗争的勇气。

名人小故事

巴金先生是著名的文学家，一生写了一百多部文学作品，最主要的作品有《激流三部曲》《憩园》《新声集》等。

巴金先生的书房很大。他家的储藏室、阁楼上、楼道口、阳台前、厕所间、客厅里、卧房内……都放有书橱。一句话，无处不是书。巴金先生爱书，在文化圈内是出了名的。他的藏书之多，在当代文人中，恐怕也无人可比。

藏书多，自然在于书买得多。

1949年，上海解放前夕，巴金先生一家生活很困难。他夫人从菜场买来廉价的小黄鱼和青菜，用盐腌起来，晾干，藏在罐里每天取出一点配饭。这两样菜，竟然支撑了他们全家半年的伙食。

一天傍晚，巴金先生提着两大包刚买的书回到家中。他夫人问道："又买书了？""嗯，当然要买书了。"巴金先生回答道。他夫人说："家里已经没有什么钱了。"巴金说道："钱，就是用来买书的。"

第二天，他又带着孩子们去逛书店了。

就这样，巴金先生的藏书越来越多。正所谓"读书破万卷，下笔如有神"，所以，巴金先生才能写出那么多好的作品。

一件事物如果能使人高兴，则我们在想到自己将来能惬意地享受它时，心中便产生了一种快乐，这就是所谓的希望。

——洛克

希望是热情之母，它孕育着荣誉，孕育着力量，孕育着生命。一句话，希望是世间万物的主宰。

——普列姆昌德

不论前途如何，不管会发生什么事情，我们都不失去希望：希望是一种美德。

——雨果

希望是永恒的欣喜。它就像人类拥有的土地，年年有收益，是用不尽的、最牢靠的财产。

——斯蒂文森

强烈的希望，比任何一种已实现的快乐，对人生具有更大的激奋作用。

——尼采

希望是全人类共有的东西，即使是不名一文的乞丐也有。

——泰勒斯

希望是坚固的手杖，忍耐是旅衣。人凭着这两样东西，走过现世和坟墓，迈向永恒。

——罗高

如果没有永生的希望，即使过的是最幸福的一生，也只能称为可悲的一生。怀有永生的希望，即使过的是最不幸的一生，也算值得羡慕的。一生的幸或不幸，决定于希望之有无。

——内村鉴三

每一个人对明天都有所希望。每一个人对于未来总有个目的和计划。

——亨利克·显克微支

希望是本无所谓有，无所谓无的。这正如地上的路，其实地上本没有路，走的人多了，也便成了路。

——鲁迅

最有把握的希望，往往结果终于失望；最少希望的事情，反会出人意外地成功。

——莎士比亚

没有了希望，一个人就不能维持他的信仰，保守他的精神，或保全他的内心纯洁。

——巴尔扎克

从来没有抱什么希望的人也永远不会失望。

——萧伯纳

很难说什么是办不到的事情，因为昨天的梦想可以是今天的希望，并且还可以成为明天的现实。

——罗伯特

说到希望，却是不能抹杀的，因为希望是在于将来的。

——鲁迅

希望是生命的源泉，失去它生命就会枯萎。

——富兰克林

我们唯一的悲哀是生活于愿望之中而没有希望。

——但丁

对于一切事物，希望总比绝望好。

——歌德

从未有过恐惧的人，决不会有希望。

——柯柏

我们应该不要让自己的畏惧阻挠我们去追求自己的希望。

——肯尼迪

要学孩子们，他们从不怀疑未来的希望。

——泰戈尔

我们必须对生活先有信心，然后才能使生活永远延续下去，而所谓信心，就是希望。

——郎之万

希望是坚强的勇气，是新生的意志。

——马丁·路德

希望是唯一所有的人都共同享有的好处；一无所有的人，仍拥有希望。

——塞利斯

人类的精髓，是心愿和希望。

——齐佩尔

没有希望，就没有努力。

——约翰逊

在人的幻想和成就中间有一段空间，只能靠希望来通过。

——纪伯伦

与其说我们是活在功业里，无宁说是活在希望里。

——胡华

眼前的哀伤，总有一个补救的办法，无论你怎样受苦，希望吧！希望是人的最大快乐。

——金斐

只要你抱着希望，死去的意志就会在你内心复活。

——罗曼·罗兰

倘使人能够完成他所希望的一半，那么，他的麻烦也将加倍。

——富兰克林

人所希望的很多，而所需要的则很少。

——歌德

不要放弃你的幻想。当幻想没有了以后，你还可以生存，但是你虽生犹死。

——马克·吐温

长风破浪会有时，直挂云帆济沧海。

——李白

希望使种子发芽，希望使枯树抽条，希望使生命带来了新的生命，希望给人间装点了无数的美丽的花朵。

——靳以

让每个人都把希望寄托在自己身上。

——维吉尔

我读书奉行九个字，就是"读书好，好读书，读好书"。

——冰心

名家介绍

冰心（1900年—1999年），原名谢婉莹，笔名冰心。取"一片冰心在玉壶"为意。原籍福建福州长乐横岭村人。著名诗人、作家、翻译家、儿童文学家。曾任中国民主促进会中央名誉主席，中国文联副主席，中国作家协会名誉主席、顾问，中国翻译工作者协会名誉理事等职。作品有《归来以后》《再寄小读者》《我们把春天吵醒了》《樱花赞》《拾穗小札》《晚晴集》《三寄小读者》等，展示出多彩的生活。

赠言赏析　冰心老人在这里为我们明确为什么要读书、如何养成良好的读书习惯以及怎样读好书，提供了一个完美的答案，虽然只有九个字，但却内涵丰富，寓意深远。

名人小故事

冰心是当代文坛巨匠，她特别喜欢天真烂漫的孩子们，一生给孩子们讲了无数个平凡而美丽的故事……

冰心自幼聪慧好学，特别喜欢听故事。为了鼓励她用心学习，当时担任她家塾督师的舅舅杨子敬常对她说："你好好做功课吧，等你做完了功课，晚上我给你讲故事。"舅舅给她讲的第一部书是《三国演义》。那曲折的情节，鲜活的人物深深吸引了小冰心。等讲完一段，舅舅总是再讲一回。为了每天晚上都能听三国的故事，她学习更认真了，功课总是做得又快又好。可是，舅舅晚上常常有事，不能给她讲三国，有时竟停了好几天，这可把小冰心急坏了。不得已，她只好拿起舅舅的《三国演义》来看，这时她才7岁。最初，她大半看不懂，就囫囵吞枣，硬着头皮看下去，不懂的地方，就连猜带蒙，有时，居然被她蒙对了。这样，她慢慢地理解一些书中的内容了，她越看越入迷，看完《三国演义》，又找来《水浒传》《聊斋志异》……母亲见她手不释卷，怕她年纪过小，这样用功会伤了脑子，便竭力劝她出去玩，她不肯。母亲只好把书给藏起来，可不知怎么搞的，那些书总是神不知鬼不觉地又被找了出来。

有一次，母亲让她洗澡，她就在澡房里偷看书，直到洗澡水都凉了……母亲生气地夺过她手中的《聊斋志异》，撕成两半，扔到墙边，小冰心望望母亲，又看看那本心爱的书，胆怯地挪到墙角，捡起那本书，又接着读了下去。这一来，倒把生气的母亲逗乐了。

冰心不但把读过的书都用心记住，还时常把书中的故事讲给别人听。假日时，父亲带她到军舰上去玩，水兵们听说这个七岁的孩子会讲三国的故事，就纷纷围住她，当小冰心神气而又一本正经地说："话说天下大事，分久必合，合久必分……"时，众人被她那稚气的神情逗得哈哈大笑起来。听完故事，水兵们拉着她的手，称赞她聪明伶俐，并把他们在航行中用来消磨时光的小说包了一包，送给冰心作为"讲书"的奖品。回到家里，小冰心迫不及待地打开那包书。那都是些商务印书馆出版的早期翻译的欧美名家小说，这些书令小冰心爱不释手。当时商务印书馆出版的书，大都在书后印有书目，她从书目中看到了林纾翻译的其他欧美名家小说，就按书目去寻找别的小说来读，于是，她开始接触外国文学作品。冰心之所以成为大作家，与她小时候就酷爱读书是有关系的。

书真是人类最忠实的朋友，它能使人插翅生翼，忽而飞向远方，忽而回到古代，有时甚至把人带到朦胧的未来。

——萧乾

读书如吃饭，善吃饭者长精神，不善吃者生疾病。

——章学诚

把书作为人的工具，则书本上的知识便活了，有了生命力了。

——华罗庚

优秀的书籍像一个智慧善良的长者，搀扶着我，使我一步步向前走，并且逐渐懂得了世界。

——秦牧

只有书籍，才能让这么悠远的历史连成缆索，才能让这么庞大的人种产生凝聚，才能让这么广阔的土地长存文明的火种。

——余秋雨

书本和朋友一样，不能太多，选择时必须小心翼翼。

——弗勒

书籍是最有耐心、最能忍耐和最令人愉快的伙伴，在任何艰难困苦的时刻，它都不会抛弃你。

——史美尔斯

好书乃至友，情谊永不渝。

——马·法·塔伯

读书给人以乐趣，给人以光彩，给人以才干。

——培根

过去一切时代的精华尽在书本中。

——卡莱尔

和书籍生活在一起永远不会叹气。

——罗曼·罗兰

所有的好书，读起来就像和过去世界上最杰出的人谈话。

——笛卡儿

书籍是屹立在时间的汪洋大海中的灯塔。

——惠普尔

书籍是人类最宁静和永恒的朋友，是最善解人意和最具智慧的顾问，是最有耐心的良师益友。

——埃利奥特

一幢没有书的房子，犹如一个没有窗户的房间。

——贺拉斯·曼

书籍是人类进步的阶梯。

——高尔基

读了一本书，就像对生活打开了一扇窗户。

——高尔基

书籍应该像面包、空气和阳光一样，成为人们容易得到的必需品。

——高尔基

一本新书像一艘船，带领我们从狭隘的地方，驶向生活的无限广阔的海洋。

——凯勒

没有书籍的屋子，就像没有灵魂的躯体。

——西塞罗

读书在于造成完全的人格。

——培根

读书足以怡静，足以博采，足以长才。

——培根

书籍是全世界的营养品。生活里没有书籍，就好像没有阳光；智慧里没有书籍，就好像鸟儿没有翅膀。

——莎士比亚

各种蠢事，在每天阅读好书的影响下，仿佛烤在火上一样渐渐熔化。

——雨果

书籍便是这种改造灵魂的工具。人类所需要的，是富有启发性的养料。而阅读，则正是这种养料。

——雨果

书籍是最好的朋友。当生活中遇到任何困难的时候，你都可以向它求助，它永远不会背弃你。

——都德

喜欢读书，就等于把生活中寂寞无聊的时光换成巨大享受的时刻。

——孟德斯鸠

读一本好的书，就是和高尚的人谈话。

——歌德

理想的书籍是智慧的钥匙。

——列夫·托尔斯泰

书籍是我们的精神食粮。

——普希金

读书是最好的学习。追随伟大人物的思想，是最富有趣味的一门科学。

——普希金

书是我们时代的生命。

——别林斯基

好的书籍是最贵重的珍宝。

——别林斯基

不读书的人就不可能算是一个完人。

——赫尔岑

书籍是巨大的力量。

——列宁

富有真理的书是万应的钥匙，什么幸福的门用它都可以打开。

——高尔基

书籍是青年人不可分离的生活伴侣、导师、忠告者和好友。

——高尔基

我觉得，当书本给我讲到闻所未闻，见所未见的人物、感情、思想和态度的时候，似乎是每一本书都在我面前打开了一扇窗户，让我看到一个不可思议的新世界。

——高尔基

我读书越多，书籍就使我和世界越接近，生活对我也变得越加光明和有意义。

——高尔基

富贵必从勤苦得，男儿须读五车书。

——杜甫

读书破万卷，下笔如有神。

——杜甫

读万卷书，行万里路。

——刘彝

旧书不厌百回读，熟读深思子自知。

——苏轼

读书要从薄到厚，再从厚到薄。

——华罗庚

爱读书是一种十全十美的享受；别的享受都有尽头，而读书给人的享受却是长久的。

——安·特罗洛普

人的身上，最值钱的，是脑袋中的知识。

——袁隆平

名家介绍

　　袁隆平，1930年9月1日生于北平（今北京），江西省德安县人，现在居住在湖南长沙。他是中国杂交水稻育种专家，中国工程院院士，被誉为"杂交水稻之父"。现任中国国家杂交水稻工作技术中心主任暨湖南杂交水稻研究中心主任、湖南农业大学教授、中国农业大学客座教授、怀化职业技术学院名誉院长、联合国粮农组织首席顾问、世界华人健康饮食协会荣誉主席、湖南省科协副主席和湖南省政协副主席。2006年4月当选美国科学院外籍院士，被誉为"杂交水稻之父"。2011年获得马哈蒂尔科学奖。

赠言赏析

　　袁隆平先生的这句话简单、明确地揭示出了一个道理：知识的重要性，人应该不断地吸收知识。

名人小故事

作为蜚声中外的大科学家，袁隆平自然而然成了人们尤其是年轻人心中的偶像，每年都要收到许多来信。

有一次，他收到寄自上海的一位双目失明的小朋友的来信，信中除了表达对他的崇敬以外，还道出了这位小朋友对前途的迷茫和困惑。读着小朋友真挚的来信，袁隆平深受感动，立即铺开纸，拿起笔，动情地题写道："……生活是美好的，我们这个世界是美好的，而且会越来越美好。你虽然看不见，但你的心能感受到，周围的爷爷、伯伯、叔叔们都在关心你，帮助你。你是一个有志气、有理想的孩子，好好用功读书，将来长大了，一定会有比别人更加光明的前途。不知你听过大音乐家贝多芬的故事没有，这位大作曲家虽然双目失明，却从小发奋图强，在钢琴的键盘上创作出了美妙的乐章，让音乐伴随着人类走向史诗般如痴如醉的境界。努力吧，孩子，你虽为盲童，但前途光明……"

看得出来，袁隆平回这封信是充满着真切的情感的，对于一个素昧平生的人写来的信，袁隆平尚且能够认真对待，并动之以情，情真意切地亲笔回信。从中，我们不难读懂这位科学家的心地是何等的善良，社会责任感是何等的强烈，情操和人格是何等的美丽。

生活的全部意义在于无穷地探索尚未知道的东西，在于不断地增加更多的知识。

——左拉

我认为知识是一切能力中最强的力量。

——柏拉图

知识是产生杰作的基础。

——贺拉斯

知识是人类快乐的主要因素之一。

——罗素

知识像烛光，能照亮一个人，也能照亮无数人。

——培根

愈学习，愈发现自己的无知。

——笛卡尔

在知识的山峰攀登得越高，眼前展现的景色就越壮丽。

——拉吉舍夫

如果不想在世界上虚度一生，那就要学习一辈子。

——高尔基

人的知识愈广，人的本身也愈完善。

——高尔基

应当随时学习，学习一切；应当集中全力，以求知道得多，知道一切。

——高尔基

没有任何力量比知识强大，用知识武装起来的人是不可战胜的。

——高尔基

胸中不学，尤手中无钱也。

——王符

人生处万类，知识最为贤。

——韩愈

任何一种容器都装得满，唯有知识的容器大无边。

——徐特立

知识是要靠自己像开矿一样去取来的。

——陶行知

求知是人类的本性。

——亚里士多德

知识是人们在任何一条道路上的伙伴。

——吉拉米斯维里

生活便是寻求新知识。

——门捷列夫

多一点知识，就容易多一点愉快的经验，也就是生活广一点。

——李霁野

在寻求真理的长征中，唯有学习，不断地学习，勤奋地学习，有创造性地学习，才能越重山，跨峻岭。

——华罗庚

越聪明的人，越需要学习。

——赫罗尔德

获得知识的第一步是要知道自己的无知。

——塞西尔

知之必好之，好之必求之，求之必得之。

——朱熹

知识的根是苦的，它的果实是甜的。

——萨迪

真正的征服，唯一不使人遗憾的征服，就是对无知的征服。

——拿破仑

无知会使智慧因缺乏粮食而萎缩。

——爱尔维修

精神的浩瀚、想象的活跃、心灵的勤奋：就是天才。

——狄德罗

第一种饥饿就是无知。

——雨果

愚昧从来没有给人带来幸福，幸福的根源在于知识。

——左拉

知识会使精神和物质的硗薄的原野变成肥沃的土地，每年它的产品将以十倍的增长率，给我们带来财富。

——左拉

用一个大圆圈代表我所学到的知识，但是圆圈之外是那

么多的空白，对我来说就意味着无知。……由此可见，我感
到不懂的地方还大得很呢！

——爱因斯坦

科学是永无止境的，它是一个永恒之谜。

——爱因斯坦

科学决不是也永远不会是一本写完了的书。

——爱因斯坦

一个人有了知识，才能变得三头六臂。

——马克思

一个民族想要站在科学的最高峰，就一刻也不能没有理
论思维。

——恩格斯

人的智慧不用就会枯萎。

——达·芬奇

倾囊求知，无人
能夺。投资知识，得
益最多。

——富兰克林

成功之路

如果你希望成功，当以恒心为良友，以经验为参谋，以谨慎为兄弟，以希望为哨兵。

——爱迪生

名家介绍

爱迪生

爱迪生（1847年—1931年），美国发明家、企业家，拥有众多重要的发明专利，被传媒授予"门洛帕克的奇才"称号的他，是世界上第一个发明家利用大量生产原则和其工业研究实验室来生产发明物的人。他拥有2000余项发明，包括对世界有极大影响的留声机、电影摄影机和钨丝灯泡等。在美国，爱迪生名下拥有1093项专利，并且他在美国、英国、法国和德国等地的专利数累计超过1500项。1892年创立通用电气公司。他是有史以来最伟大的发明家，迄今为止，世界上没有一个人能打破他创造的发明专利数的世界纪录。

赠言赏析 　伟大发明家爱迪生的这句话，为我们揭示了成功的真谛：要想走向成功，我们必须具备恒心、经验、谨慎，并满怀希望。

名人小故事

爱迪生8岁上学，可是老问一些奇怪的问题，老师说他是低能儿。上了3个月课就退学了。不久爱迪生提出去当报童，妈妈听了之后吓一大跳，爸爸听了也很生气，可是禁不住爱迪生的再三请求，父母终于同意了。

爱迪生进入电的世界纯属偶然，那是1862年的一个早晨，15岁的爱迪生正在某个小车站上卖报，只见一个三四岁的小男孩蹲在铁轨旁玩石子，一列货车正朝他飞驰而来。爱迪生扔下报纸，奋不顾身地冲下站台，一把拉出小孩。这时候，货车擦着他的耳朵呼啸而过。爱迪生抱着小男孩摔倒在铁轨旁，虽然他的脸和手被划破了，可孩子得救了。

小男孩的爸爸叫麦肯基，是一位优秀的报务员。麦肯基亲眼看到这惊险的场面，感动得话都说不连贯了，爱迪生却毫不在意地笑了笑，准备离开。不料麦肯基十分诚恳地对爱迪生说："我没有什么可以酬谢你的。听说你对电报很有兴趣，要是你愿意，我可以教你收发报技术，使你成为一名报务员。"

这番话正说在小爱迪生的心坎上，他高兴地接受了麦肯基的好意，跟着他学习收发电报的技术。不久爱迪生就成了一名出色的报务员。

爱迪生热爱报务员的工作，为了改进工作，他投入电器研究，终于成了享誉世界的发明家。

88

不停顿地走向一个目标，这就是成功的秘诀。

——巴甫洛夫

成功的秘诀是忠于目标。

——狄斯累里

自信是成功的第一秘诀。

——爱默生

除努力外，别无成功的秘诀。

——特纳

永远记住，你自己取得成功的决心比什么都重要。

——林肯

性格是达到成功的决定条件。

——马顿

成功是你坠落到底时反弹的高度。

——佩顿

成功的道路就是做你能做好的工作，做好你所做的工作，并且丝毫不贪图功名。

——朗费罗

成功者与失败者之间的区别，常在于成功者能由错误中获益，并以不同的方式再尝试。

——卡耐基

成功孕育着成功，这个道理完全正确。一次小的成功可以成为巨大成功的基石。

——马克斯威尔

我需要与之斗争的就是我的成功。如果展现在我眼前的路是一马平川，那简直是怪事，实际上它是一条崎岖险峻的羊肠小道。

——梭罗

良好的开端，等于成功的一半。

——柏拉图

成功的秘诀是始终如一的目标。

——迪斯累里

对我来说，只有行动才是成功的途径。

——撒切尔夫人

为了成功，你必须付出代价。如果你付出了代价，你就会成功。

——莱希

我成功是因为我有决心，从不犹豫。

——拿破仑

成功的秘诀：永不改变既定的目的。

——卢梭

没有坚强的毅力而想要取得轻易的成功，是决不能成就任何伟业的。

——左拉

要随时记得，你自己要有成功的决心，这比任何其他的事物都重要。

——林肯

人必须相信自己，这是成功的秘诀。

——卓别林

失败乃成功之母。

——潘恩

要有自信，然后全力以赴——假如具有这种观念，任何事情十之八九都能成功。

——威尔逊

成功的秘诀很简单，无论何时，不管怎样，我也绝不允许自己有一点点灰心丧气。

——爱迪生

饱尝困苦是成功之钥。

——比尔·盖茨

最伟大的胜利，就是战胜自己。

——高尔基

有非常之人，然后有非常之事。有非常之事，然后有非常之功。

——司马相如

经验显示，成功多因于赤忱，而少出于能力。胜利者就是把自己身体和灵魂都献给工作的人。

——查尔斯·巴克斯顿

一个成功者以最谦虚的态度来接受一个最忠诚的指导，这并不影响他的独立人格。但是你在接受指导之前，必须进行冷静的分析，千万别存有屈服感。

——麦尔顿

天下无难事，唯坚忍二字，为成功之要诀。

——黄兴

小学生常用赠言集粹

成功并不能用一个人达到什么地位来衡量，而是依据他在迈向成功的过程中，到底克服了多少困难和障碍。

妈妈的生日

总是喝不够家乡的水，总也忘不掉故乡的云，耳边常响起母亲的话，心里常惦记妈妈的吻，在妈妈的生日里，只想深情地道一句：妈妈，生日快乐！

这张生日卡，象征着我对您的爱，这种爱已经超越了我对您的感恩。妈妈——我还想借此机会对您说：愿幸福每天陪伴着您。生日快乐！

妈妈，在这特殊的日子里，愿所有的欢乐和喜悦不断涌向您的窗前。

永不休止的是您默默的关怀，永无穷尽的是您深深的爱心，祝福献给我最亲爱的妈妈。生日快乐，妈妈。

心到，想到，看到，闻到，听到，人到，手到，脚到，说到，做到，得到，时间到，您的礼物没到，先把我的祝福传到：老妈，生日快乐！

只一句"生日快乐，妈妈"，当然不算什么，但在喜庆吉日里对您的祝贺，包含多少温馨的情意。愿您生日快乐，天天愉快，永远欢乐！

妈妈，今天是您的生日，我想您，虽然我在外地，但我的心已经飞回您的身边！

妈妈，献上我的谢意，为了这么多年来您对我付出的耐心和爱心！愿我的祝福，如一缕灿烂的阳光，在您的心里照耀。生日快乐！

都说流星可以有求必应，如果可以，我愿意在夜空等待，等到一颗星星被我感动，为我划过星空，带着我的祝福，落在您的枕边。妈妈，生日快乐！

在妈妈的生日到来之际，诚挚地献上我的三个祝愿：一愿您身体健康，二愿您幸福快乐，三愿您万事如意。

每个生日都有礼物，都有祝福，无论您有多少个愿望，多少个梦想，我送您的礼物代表了我的心。妈妈，生日快乐！

您用优美的年轮，编成一册散发油墨清香的日历；年年，我都会在日历的这一天上，用深情的想念，祝福妈妈的生日。

我最爱的地方是我的家，因为家里有您——我亲爱的妈妈。祝您生日快乐，愿您天天幸福。

亲爱的妈妈，在您生日这天我想对您说，您的言行使我的生活变得绚丽美妙，我对您是多么感激，有您这样一位母亲我很自豪。祝您生日快乐！

对于我们来说，最大的幸福莫过于有理解自己的父母，我得到了这种幸福，并从未失去过，所以在您的生日，我要对您说声：妈妈，谢谢！

满脸皱纹，双手粗跰，岁月记载着您的辛劳。在这个特殊的日子里，祝妈妈福如东海、寿比南山，愿健康与快乐永远伴随着您！

愿您的生日充满无穷的快乐，愿您今天的回忆温馨，愿您所有的梦想成真，愿您这一年称心如意！妈妈，生日快乐！

让星星化为我的眼，整夜地看护您；让清风化为我的笑，抚平您脸上的皱纹；让一切美好的事物化为我的祝福，祝福妈妈生日快乐，福如东海！

在您的身上，我懂得了人生的意义，看到了真正的生命之光。妈妈，祝您生日快乐！

您用母爱哺育了我的魂魄和躯体，您的乳汁是我思维的源泉，您的眼里系着我生命的希冀。我的母亲，祝您生日快乐！

当我忧伤时，当我沮丧时，我亲爱的母亲总在关注着我，您的建议和鼓励使我渡过难关。妈妈，谢谢您的帮助和理解。愿您的生日特别快乐！

母亲，您是我至上的阳光，我将永远铭记您的养育之恩——在您生日之际，敬祝您健康如意，福乐绵绵！

火总有熄灭的时候，人总有垂暮之年，满头花发是母亲操劳的见证，微弯的脊背是母亲辛苦的身影……祝福年年有，祝福年年深！

为像您这样慈祥的母亲祝寿，只有最好的、真正的祝愿才可以。生日快乐！

心底的祝福是为了您的寿辰，但爱却整年伴随您左右！

生日快乐！妈妈，真希望能有语言能表达我们的谢意，感谢您每日操持家务，以及给予我们的帮助。愿您在未来的岁月中永远快乐健康！

献上天天都属于您的赤诚和爱心，寄上声声都祝福您的亲情，亲爱的妈妈，祝您生日快乐，永远快乐！

但愿我对您的祝福是最新鲜、最令您百读不厌的，祝福妈妈生日快乐，开心快活！

妈妈的美从不随时间流逝而黯淡，也不随物境的变迁而衰老，她永远是点燃在我们心中不灭的星。您今天更美，祝您生日快乐！

您以爱心，为我们建一个温馨的世界。祝福您，我亲爱的母亲，生日快乐！

捎给您我最衷心的祝福，让我虔诚地为您祈祷，从今日起，忧愁和烦恼离您远去，只有幸福和快乐伴随着您。妈妈，祝您生日快乐！

亲爱的妈妈，今天是您的生日，您一直肩负着家庭的重担，您太辛苦了，今天我要说：健康是人生的第一财富，妈妈的健康，是我们全家的欢乐！

如果您在梦中也会高兴地笑起来，那是我整整向月亮祈祷了一年的结果，在这一夜里，给您捎去我的祝福，生日快乐，妈妈！

生日快乐！妈妈，我希望能用最好的话表达我对您的感谢，感谢您给我全部的爱……

妈妈，在今天——您的生日，让这祝愿带给您语言不能倾诉的爱。亲爱的妈妈，我对您的爱是赤诚的。

生日快乐，妈妈。我希望能用最美的话语、最真的心来表达我对您的爱和敬意。生日快乐，亲爱的妈妈，希望您能理解我们心中的爱，言语永远不足以表达。

世上有这样的母亲，她们用自己的言行使生活变得绚丽美妙，她们使抚育的生命火花闪耀……您就是这样的母亲，祝您生日快乐！

我看见片片雪花，飞进您的小屋，我便偷偷站在窗前，将我的祝福融进雪花，让它们驮着我沉沉的爱和深深的谢意飘到您的手中。妈妈，生日快乐！

亲爱的妈妈，愿许多欢乐的时刻都属于您……愿这些表达至深之爱和无比欢乐的语言，带给您生日的祝福，并充盈整整一年。

祝我美丽的、乐观的、热情的、健康自信的、充满活力的大朋友——妈妈，生日快乐！

妈妈，谢谢您给予我们生命，在这个属于您的日子里，做儿女的祝您健康长寿！

把无数的爱化作心中无限的祝福，默默地为您祈祷，祝您健康快乐！

在钟声敲响12下的时候，我会静静地跪在窗前祈祷："妈妈，生日快乐，身体健康……"

您的生日让我想起您对我的体贴，以及您为我所做的一切。我只希望您所给予我的幸福，我将同样回报给您。

有人说，世界上没有永恒的感情。我说不对！母亲是一颗不落的星，她的爱永恒。

在您的身上，我懂得了人生的意义，看到了真正的生命之光……妈妈，今天是您的生日，祝您生日快乐！

在您生日的这一天，我将快乐的音符作为礼物送给您，愿您拥有个美丽的日子，衷心地祝福您生日快乐！

绿色是生命的颜色，绿色的浪漫是生命的浪漫。因此，我选择了这个绿色的世界，馈赠给您。愿您充满活力，青春常在。

妈妈，愿您的生日给您带来美满和温馨，祝您心想事成，青春永驻！

血浓于水。您永远是我最最亲爱的人，愿您的生日快快乐乐，愿您的生活温馨幸福！

流年带走了您青春的容颜、年轻的心境，但是您对子女的那份爱永不变。在这个特别的日子里，祝您快乐、顺意！

献上我句句的祝福，寄去我声声的问候，亲爱的妈妈，今天是您的生日，在这个属于您的日子里，祝您生日快乐！永远幸福！

自己写赠言

母亲节祝福

引一缕清风，为妈妈带去轻松；采一米阳光，为妈妈送去芬芳；掬一捧清水，为妈妈消去疲惫。在这个属于母亲的节日里，祝妈妈母亲节快乐！

世界上的一切光荣和骄傲，都来自母亲。妈妈，母亲节快乐。

妈妈：这十几年来您辛苦了！希望在这特别的日子送上我特别的问候！祝：母亲节快乐！妈妈我永远爱您！

妈妈，我感谢您赐给了我生命，是您教会了我做人的道理，无论将来怎么样，我永远爱您！

外边风吹雨打折磨着我，屋内和煦的阳光温暖着我，因为屋内有您。我爱您妈妈，永远永远！

希望能在这样的节日里对母亲说声：妈妈，您辛苦了，儿子在有生之年，会孝顺您的，母亲节快乐！

妈，这些年您不容易，您辛苦了！祝您节日快乐！

在这个特殊的节日里，我衷心祝福我的妈妈节日快乐！道一声您辛苦了！

吃遍天下盐好，走遍天下娘好。妈妈：祝您健康长寿！永远年轻！天天快乐！

母亲永远是我心灵的港湾，祝亲爱的妈妈健康快乐！

虽然我们过着最平淡的生活，母爱却渗透在生活的一点一滴里。在母亲的节日里，祝福天下所有母亲幸福快乐！

一丝一丝的白发，一条一条逐日渐深的皱纹，多年含辛茹苦哺育我成人的母亲，在这属于您的节日里请接受我对您最深切的祝愿：节日快乐，永远年轻！

母亲节快乐！唯有一句轻轻的祝福，献给所有年轻的、老迈的母亲们。

得意的时候，母亲不一定能在我的身边和我一起分享成功的喜悦。但她那谆谆教诲总能让我不再迷失自己。失意的时候，母亲一定能在我的身边。她的鼓励及安慰，总能让我在逆境中找到自我。

让我们多给母亲一点爱与关怀，哪怕是酷暑中的一把扇子，寒冬中的一件毛衣，让母亲时刻感受儿女的关心。

慈母手中线，游子身上衣。临行密密缝，意恐迟迟归。谁言寸草心，报得三春晖。妈妈，母亲节快乐！

时光荏苒，我们在妈妈温馨的抚爱中长大成人，妈妈总是把一缕缕温暖及时输送给我们，让我们在纷杂的尘世中永存那份做人的品性，不失那份人之初的纯真。

也许，在我们这一生中，有许多人、许多事经历了转身便会忘记，但在我们的心灵深处永远不会忘记我们的母亲，永远不会因为岁月的流逝而消减我们对母亲那深深的爱。母亲节快乐！

亲情在这世间，总是让生活充溢着一份份平平常常但却恒久的温暖，亲情是贯穿生命始终的。为此，我们祝福天底下每一位母亲——母亲节快乐！

母亲给了我生命，而我则成了您永远的牵挂。在我无法陪伴您左右的日子里，愿妈妈每一天都平安快乐。

"无法可修饰的一对手，带出温暖永远在背后，纵使啰唆始终关注，不懂珍惜太内疚……"在这个特别的日子里，妈妈，请准我说声真的爱你。

这世界上，没有人比您更爱我；这世界上，也没有人能取代您在我心里的位置。妈妈，无论在哪里，我永远爱您。

●●●●···●●●●

没有您就没有我，就没有我数十寒暑的悲伤，也没有我春夏秋冬的欢笑，谢谢您给了我生命中美好的一切。母亲节快乐！

●●●●···●●●●

有一种爱，一生一世不求回报——母爱；有一个人，一生一世值得你爱——妈妈。母亲节快乐！

●●●●···●●●●

亲爱的妈妈：您曾用您坚实的臂弯为我撑起一片蓝天，而今，我也要用我日益丰满的羽翼为您遮挡风雨。妈妈，我永远爱您！

●●●●···●●●●

妈妈：身在异乡的我不能给您亲手送上一束康乃馨，唯有以此短信一表我的心意，祝您健康、快乐、幸福无边。

●●●●···●●●●

从没有为您写过什么，也没有对您说过什么感谢的话，但您对我的关心和爱意，点点滴滴都记在心头。

●●●●···●●●●

妈妈：这十几年来您辛苦了！希望在这特别的日子送上我特别的问候！祝：母亲节快乐！妈妈，我永远爱您！

●●●●···●●●●

您的爱，我永远报答不了；您对我多年以来的默默支持，是我积极向上的精神支柱。妈妈，我爱您。妈妈，母亲节快乐！

您善意的谆谆叮嘱，我曾不懂珍惜，一旦您不在我身边，我才晓得您对我的可贵。妈妈，希望您大人不记小人过，平安快乐每一天。妈妈，母亲节快乐！

一向不善在您面前表达感情的我，今天要借着短信说一句：亲爱的妈妈，我永远爱您！祝母亲节快乐。

世上只有妈妈好，没有天就没有地，没有您就没有我，谢谢您给我带来的一切一切。妈妈，母亲节快乐！

在这个特别的日子里，我想对妈妈说声：妈妈节日快乐！愿妈妈在今后的日子里更加健康快乐！

愿妈妈安康、长寿！少劳累，多享福！妈妈，母亲节快乐！

人生最美的东西之一就是母爱，这是无私的爱，道德与之相形见绌。妈妈，母亲节快乐！

在这个特殊的节日里，我衷心祝福我的妈妈节日快乐！道一声您辛苦了！

妈妈！您生我、养我、育我……在这个节日里，儿子向您问好，希望您身体健康、万事如意！

妈妈，您的女儿长大了，也懂事了，您放心吧。我不在您身边的日子里您要更加保重你自己！妈妈，母亲节快乐！

妈妈，今天是母亲节，我想对你说："妈妈我爱您。"

慈母泪，有化学家分析不了的宝贵而深厚的爱存在其中。妈妈，母亲节快乐！

母亲是英勇无畏的，尤其对儿女的爱已超出了对自己生命的热爱。妈妈，母亲节快乐！

妈妈，您的爱无法衡量，您看，它已经渗透在我身心的每一个角落，它一直激励我勇敢地向前走。妈妈，谢谢您！祝您母亲节快乐！

当您看到我的节日祝贺，您会发现它给您带来最温馨的思念，陪您度过非常愉快的一天，它给您带去我对您的全部的爱，因为有您这样一位好母亲，是我最大的愉快！

妈妈，今天是母亲节，我想对您说的："妈妈，您辛苦了！儿子一定会孝顺您，祝您母亲节快乐！"

今天是母亲节，没有鲜花，没有礼物，只有我深深的祝福！愿您永远健康、美丽，一切事情都顺心如意！

妈妈，今天是您的节日，愿这份小小的礼物能给您带来欣慰和快乐。

当母亲节到来之时，我想采撷最芬芳的紫丁香，别在你素雅的衣襟上。妈妈，节日快乐！愿您永远开心！

妈妈，这些年您辛苦了！希望在这特别的日子送上我特别的问候！祝母亲节快乐，妈妈我永远爱您！

妈妈，您的怀抱永远是最温暖的！无论我走得多远，心中永远眷恋着您，感激着您！祝您母亲节快乐！

妈妈，您知道吗？当我每次看到您又添了一根银发，我的心都会好痛，为了这个家，您付出太多了。现在，在您的节日里，就让女儿为您送上真诚的祝福吧：妈妈，祝您永远年轻！永远开心！永远幸福！

妈妈，我想对您说，世界上的一切光荣和骄傲，都源自母亲。今天，我衷心地祝愿：快乐永远伴随您！

母爱是大海，太多的爱让我无法细诉，只好将它珍藏在片片花瓣里。妈妈，您感觉到那丝丝馨香了吗？那是女儿对您的节日祝福！

母爱虽然朴素，却是人世间最不平凡的爱。她没有华丽的辞藻，她不是煽情的歌曲，却令我们深深感动。愿天下母亲节日快乐！

母亲的爱如同山泉，时时刻刻在我的生命中流淌，在母亲节到来之时，让我用满腔的爱堆积成一个愿望：妈妈，愿您开心快乐每一天！

亲爱的母亲，您孕育了我的生命，您的爱铸就了我的灵魂。您的伟大就在于您永不知疲倦、永远无止境地付出，却从来不企望有任何回报。今天是您的节日，我送上一束康乃馨，真诚地祝福您节日快乐！

亲爱的妈妈：这些年来您辛苦了！希望在这特别的日子里，您能好好儿休息一下，让我来照顾您吧！

我真切地希望，在这个母亲的节日里，所有的母亲都会从心里微笑，妈妈快乐，就是我们最大的快乐！祝愿天下所有的母亲快乐！

因为每次想到您总有说不完的爱，所以一遍遍的祝愿都情深意长。先说声"节日快乐"，更愿天天愉快，再祝您事事顺心，幸福久长！

在这个世界上，我们永远需要报答的最美好的人——母亲。妈妈，母亲节快乐。

亲爱的妈妈，岁月已将您的青春燃烧，但您的关怀和勉励将伴我信步风雨人生。现在用我心抚平你额上的皱纹，用我的情感染黑您头上的白发。祝您母亲节快乐！

摘几片云朵、剪几缕霞光，用想念做针、用思恋做线，织一套炫丽夺目的霓裳，装扮出倾国倾城的您——我心中最美丽的妈妈：祝您节日快乐！

自己写
赠言

母爱无边

小时候，妈妈常常牵着我的小手在夕阳下散步，夕阳下的风是那么柔美，轻轻的、深深的。在母爱的滋润下成长的我仍记得那夕阳、那清风，请允许我让它们带去我对母亲深深的祝福。

我是从故乡屋檐下飞出的一只小鸟，娇嫩的翅翼上凝聚了妈妈深情的爱抚。

母亲像丰饶的土地，我像土地上的一棵小草。母亲的给予是无尽的，而我的报答是微薄的。

当我受到挫折跌倒时，是您用无限的关怀安慰我，鼓励我，使我能重新站起来。谢谢您，妈妈！

您的眼中虽然有严厉，但更多的是温暖，是爱抚。谢谢您，妈妈。

在黑夜，在茫茫的海上，感谢您为我的帆送来了风，挂上了灯，使我生命的船，穿过长夜和海浪。

我曾经在沙漠上行走，希望有甘甜的泉水，而您虽在咫尺却不让我停下来痛饮甘泉，在我终于到达绿洲时您却递来那甘泉。我感激您，母亲，您知道在什么时候锻炼我，在什么时候给我以温情……

亲爱的妈妈，今天我理解了您温馨深挚的爱意，我开始走向成熟了。

无论在外面受了多大的委屈，只要回到家里，听到妈妈安慰的话语，我心里便不再感到委屈。

你是世上最好的妈妈，感谢您鼓励我、支持我，放手让我发现并发展自我。

人世间谁最值得赞颂——母亲，我第一次感到的爱，始于母亲的心。

树木的繁茂归功于土地的养育，儿女的成长归功于母亲的辛劳——在您博大、温暖的胸怀里，真正使我感受到了爱的奉献。

当年的幼雏，面对蓝天，他们一无所知，心里藏满了解不开的谜；如今，他们将凭借强劲的双翅遨游天空，去寻找那未知的答案。但无论他们飞得多高，飞得多远，总不会忘记可爱的家，不会忘记母亲的养育之恩。

永远牵动我灵魂的、永远激励我前进的，是您真挚而无私的爱。啊！我的妈妈，您高尚的美德，我将永远铭记在心！

　　向日葵以日轮式的金色花冠报答阳光，马蹄莲以淳朴的天青色花瓣报答青天，我以赤诚的心和创造的热情报答您——我慈爱的母亲。

　　我身上还留有您的体温，脉搏里奔腾着您的血液，性格上烙有您的印记，思想里有您的智慧……感谢您，生我、养我、育我的母亲！

　　用我的心抚平您额上的条条皱纹，用我的情染黑您头上的丝丝白发——感谢您对我的培育之恩。

　　假如我是作家，我的第一篇作品将是《母亲》；假如我是歌星，我的第一首歌也将是《母亲》。您给我的不是宫殿样豪华的房子，不是一笔数不清的钱财，您给了我一部如大海般浩瀚的生活"百科全书"，指引我走向美好的人生。

　　想想妈妈为我们做了多少事，让我的想念无时无刻不陪伴在您的左右，让我的祝福走进您的心底，感受您散发着的芳香。世界不是上帝创造的，而是母亲创造的。在这思念的时刻，我更加依恋您的慈祥、您的温暖、您的微笑、您给予我的爱……

永不褪色的是您默默的关怀，无穷无尽的是您深深的爱心，我把祝福献给我最爱的妈妈。

妈妈的教诲像一盏灯，为我照亮前程；妈妈的关怀像一把伞，为我遮风挡雨。妈妈，我愿献上最真诚的祝福。

只有用挚爱织成的祝福的话，才能献给像您这样慈爱的妈妈。

亲爱的妈妈，我希望能用最好的话语来表达我对您的爱和敬意。

永远牵动我灵魂的，永远激励我前进的，是您真挚而无私的爱。妈妈，愿您幸福。

妈妈，当我发现您头上的第一根白发时，我才意识到该由女儿为您分担些责任了。

岁月飞逝，青春不老，愿快乐与您永随。

　　我们是风筝，一心想飞上蓝天，给我们力量的恰是那根紧扯着我们的线——母亲的期望和思念。

　　出息是子女送给母亲的最好礼物，健康是母亲送给子女的最好礼物。

　　母亲，在您身后，应竖起无数个感叹号！您给了我童话和梦想，给了我温暖和安全，给了我智慧和力量。那么，就让我给您一点欢乐、一点平安吧！

　　即便我能摘下天边那颗最明亮的星给您佩戴上，又岂能报答您那无边的春风和阳光？

　　寂寞时有您的陪伴与关怀，喜悦时有您的祝福与分享，受伤时有您的医治与呵护。我真是太幸福了，有您这样的好妈妈。

　　妈妈，也许在别人眼里，您是那样的普通和弱小，然而在我的心中，您却是那样的伟大和坚强。

　　啊，妈妈，您老了，青丝为什么过早地变白？皱纹为什么悄悄地爬上了额头？您的眼睛为什么失去了光辉？是我不懂事让您操碎了心啊！

　　在夕阳中，您的头发，已有一半被岁月染白，轻轻地飘动着；一道道深深的皱纹像一道道崎岖的小路，记载着您经历的辛酸苦辣。妈妈，您辛苦了！

从您眼角深深的鱼尾纹里，我触摸到了岁月的风霜；从您瘦削苍白的双颊中，我梳理出了人世间的沧桑；从您张开臂膀的怀抱里，我看到了博大深沉的海洋。感谢您，我的母亲！

母亲的爱是博大的，丰富的，更是细腻的。感谢母亲给予我的一切，我会用实际行动来报答您给我的爱。

妈妈，女儿不会辜负您的期望，不会忘记您对我的一颗慈母心。愿一杯淡淡的清茶，能温暖您的心，我会永远记得您伟大的母爱。

当我转身向您道别时，我望见您高大的身躯变成了一座雕像，那慈爱的目光变成了您对我长久的期待。我会永远记得，我亲爱的妈妈。

妈妈，您用那坚强的臂膀、温暖的手，为我挡风遮雨，为我擦去眼角的泪水。随着我生命年轮的不断扩展，妈妈渐渐放下手臂，让我的目光越过您的肩头。

妈妈，是您给了我生命，是您在我的成长过程中费尽心血，是您在我跌倒的时候叮嘱我勇敢地面对挑战。妈妈，您的爱就像一条大河，缓缓地送我前进！

您用心中全部的爱，染成了我青春的色彩；您用您的执著，铸成了我不屈的性格。感谢您，我的好妈妈！

如果您是一架钢琴，那我就是这架钢琴弹出的曲子；如果您是一名园丁，那我就是您培育出来的花朵。谢谢您，母亲！

妈妈，你的每一个吻，每一个笑容，每一次拥抱，都无言地倾诉了最炽热、最甜蜜、最伟大的母爱。

妈妈使我练就了坚强的意志，让我战胜了生活中的许多困难，我感谢妈妈对我的严格要求，您是世上最好的妈妈。

妈妈，是您给了我生命，而且给了我打开奥秘的金钥匙——热爱生活、勤劳、细心和探索！

当我又在新的起跑线上奋力拼搏的时候，我要衷心地谢谢您，亲爱的妈妈，我的第一任老师。

妈妈，您是一位舵手，您用那丰富的生活经验为我导航，让我在大千世界的海洋里搏击、奋斗、成长，谢谢您！

没有太阳，
鲜花不会开放；
没有无私的母
亲，孩子的心灵
将是一片荒漠。

您的胸怀，是我童年的摇篮，我在温馨中长大，在幸福中度过，感谢妈妈给了我一个值得回味的童年。

人们赞叹大海，是因为它的博大；人们颂扬高山，是因为它的挺拔；人们更赞美母亲，因为她有大海一般博大的胸怀，有高山一般崇高的品质。

妈妈，也许我很调皮、任性，令您操尽了心；也许我很顽固、贪玩，惹您伤透了心。但今天，我要对您说：我愿聆听妈妈的教诲，我爱您，妈妈！

把爱全给了我，把欢乐全给了我！多想告诉您，其实我一直都懂您，妈妈！

自己写
赠言

爸爸的生日

亲爱的父亲，您的正直、朴实、勤劳，影响着我的人生之路，我为有您这样的父亲而骄傲。在您生日的这一天，祝您健康快乐！

爸爸，祝福您，生日快乐！我爱您，不仅是在今天！

爸爸，祝福您，生日快乐！献上我的谢意，为了这么多年来您对我付出的耐心和爱心。

我的老爸，祝您过个够味、够劲的生日！

当我忧伤时，当我沮丧时，我亲爱的父亲总在关注着我。您的建议和鼓励使我渡过难关，爸爸，谢谢您的帮助和理解。愿您的生日特别快乐！

爱您，谢谢您，还要声声不断祝福您，因为母亲能做到的一切您都做到了。祝您生日快乐！

老爸，我心中永远最有型、最棒的父亲，祝爸爸生日快乐！

老爸，我给你找来你喜欢听的那首曲子了，祝老爸开心！

全世界的人都听好了：爸爸，我爱您！生日快乐！

我永远都会记得，我肩上的双手，风起时候，有多么温热；我永远都会记得，伴我成长的背影，您用您的岁月换成我的无忧快乐！祝福爸爸生日快乐！

爸爸，在您生日这天，我只想对你说三个字，我爱您！

您的生日让我想起您对我的体贴，还有您为我所做的一切。我只希望您所给予我的幸福，我将同样回报给您。祝福您事事顺心，幸福无边！

爸爸的教诲像一盏灯，为我照亮前程；爸爸的关怀像一把伞，为我遮风避雨。祝您生日快乐！

爸爸时时都有许多方法逗我开心，爸爸总最关心我的人，爸爸我爱您！祝生日快乐！

您是大树，为我们遮蔽风风雨雨；您是太阳，为我们的生

活带来光明。亲爱的父亲，祝福您健康、长寿。生日快乐！

您的生命如舟，在人生的浪尖深谷中起落。在您生日时，我衷心祝愿你，平安地驶出港湾！

爸爸：岁月的痕迹在纵横沟壑的皱纹中显现，数十年的关怀、数十年的教导，我怎能忘记？在这欢乐的日子里，祝您健康长寿！

爸爸，今天是您的生日，在这个特别的日子里，献上我的谢意，为了多年来您对我所付出的一切，女儿对您的感激是无法言喻的。希望我的祝福能染黑您的白发，填平您的皱纹，请接受女儿送给您的礼物吧！

谢谢您，爸爸，谢谢您的倾听、操心，谢谢您给了我许多，谢谢您为我分担忧愁，谢谢您是这样了不起的爸爸。祝您生日快乐！

爸爸，今天是您的生日，愿所有的快乐、所有的幸福、所有的温馨、所有的好运围绕在您身边。生日快乐！健康！幸福！

亲爱的爸爸：我生命中的每一天都在为您祝福，因为我生活中的时时刻刻都在惦记着您！真诚地祝愿您生日快乐！

没有甜美的蛋糕，甘甜的美酒，丰厚的礼物，悠扬的生日歌，不要遗憾，您拥有世界上最真心的祝福，爸爸，生日快乐！

白云从不向天空承诺去留，却朝夕相伴；风景从不向眼睛说出永恒，却始终美丽；我没有常同您联系，却永远牵挂。祝父亲生日快乐！

掌心留存父亲的温暖，血管流淌父亲的激情，脸庞再现父亲的青春，眼神继承父亲的刚毅，祝爸爸生日快乐。

真高兴今天是您的生日，老师说我是上帝赐给您的礼物，但愿这礼物不是太糟糕。祝老爸生日快乐！

对于我们来说，最大的幸福莫过于有理解自己的父母。我得到了这种幸福，并从未失去过。所以在您的生日这天，我将要向您说一声：谢谢！

只有懂得生活的人，才能领略鲜花的娇艳。只有懂得爱的人，才能领略心中的芬芳。祝您有一个特别的生日！

生命是一座驿站，有人抵达，也有人离去，那么生日便是驿站中的小憩，之后再向未知的前程继续进发。感谢上帝赐给我像您这样的父亲！在您的生日里，我愿您快快乐乐！

爸爸，献上我的谢意，为了这么多年来您对我付出的耐心和爱心。

愿您在这只属于您的日子里能幸福地享受一下轻松，弥补您这一年的辛劳！

　　愿爱洋溢在您甜蜜的生活中，让以后的每一个日子，都像今日这般喜悦！

　　但愿我寄予您的祝福是最新鲜、最令您百读不厌的，祝您生日快乐！

　　让我真诚地祝愿您的生命之叶，红于二月的鲜花。

　　生日的烛光中摇曳一季繁花，每一枝都是我的祝愿：生日快乐！

　　清晨出现的第一道曙光，准确地投在您的自行车篮里，一直陪着您走进烛光，走进生日的祝福！

　　在这个充满喜悦的日子里，我衷心祝愿您青春长存，愿将一份宁静和喜悦悄悄带给您，生日快乐！

献上我对你您的爱，祝您生日充满温馨，都因为您是最亲爱的爸爸！

这生日贺卡送给您，祝您生日快乐！

多少座山峰也不能勾勒出您的伟岸，多少个超凡岁月也不能刻画出您面容风霜。爸爸，生日快乐！

父爱，伟岸如青山，圣洁如冰雪，温暖如娇阳，宽广如江海！老爸，生日快乐！永远爱您的女儿！

父亲的爱深沉而热烈，给了我勇敢、坚定的信念，在为您点燃生日蜡烛的时候，我真心希望父亲的生命之树常绿！

今天是个喜庆的日子，在您辛劳了几十年的今天，家人欢聚一堂，祝您寿与天齐！

孔子云：三十而立，四十而不惑，五十而知天命。到了五十岁，则进入一种"明天理、顺天意"的境界。父亲对于我来说，就是一本百科全书，教育我如何做人，他就是一个港湾，永远无条件地为我提供憩息之处。借此机会，我要对我的父亲说：感谢您的辛勤劳苦。

老爸，您永远是我心中最有型、最棒的父亲，祝您生日快乐！

梦境会褪色，繁花也会凋零，但您曾拥有过的将伴您永存。生日快乐！

您的坚忍不拔和铮铮铁骨是我永远的榜样，我从您那儿汲取到奋发的力量，走过挫折，迈向成功。爸爸，我爱您！

您是一棵大树，春天倚着您幻想，夏天倚着您繁茂，秋天倚着您成熟，冬天倚着您沉思。

亲爱的爸爸，很怀念儿时您常带我去公园游玩，那时您手掌好大，好有力，谢谢您对我的培养。祝您生日快乐！

让我的祝福，像那悦耳的铃声，飘在您的耳畔，留驻您的心间，祝您生日快乐！

亲爱的父亲，您的正直、朴实、勤奋，影响着我的人生之路，我为有您这样的父亲而骄傲。在您生日的这一天，祝您健康长寿。

　　为您这样慈爱的父亲祝寿，即便最好的祝福也不足以表达我的问候，想到您对我那样宠爱，我衷心祝您事事愉快，快乐满载！

　　一份最最特别的祝福，给一位最最特别的朋友——爸爸。虽相距遥远，但仍不忘寄上一份诚挚的问候，给您的生日晚宴增添一束别致的花。

　　爸爸，今天是您的生日，您太辛劳，肩负着家庭的重担。女儿要说，健康是人生的第一财富，爸爸的健康，是我们全家的欢乐。

自己写赠言

父亲节祝福

爸爸，您常在我痛苦之时，给我一个理解的注视；您不愿意让我忧伤，说快乐是女儿给您最好的礼物。今天，在属于您的节日里，我送上一个大大的笑脸来温暖您的心！

献给您无限感激和温馨的祝愿，还有那许多回忆和深情的思念。因为您慈祥无比，我对您的爱难以言表，只能祝您父亲节快乐！

年少的青春，未完的旅程，是您带着我勇敢地看人生；无悔的关怀，无怨的真爱，而我又能还给您几分。祝父亲永远快乐！

爸爸，感谢您为我做的一切，我一定会加倍努力工作和学习来报答您的养育之恩，我爱您。今天正值父亲节，我深深祝福您节日快乐！

您是我生命中的太阳，您不但给了我生命，也指引了我成长的方向，今天是父亲节，祝我的父亲节日快乐。

当我在海洋中漂泊，父亲是我的灯塔；当我在沙漠中跋涉，父亲是我的绿洲；当我在草原上驰骋，父亲是远方的白云。爸爸，节日快乐！

您无私的奉献让我明白了生活的真谛，虽然岁月燃烧了您的青春，但关怀和勉励将伴我信步风雨人生。爸爸，节日快乐！

您是一棵参天大树，我在您的浓荫之下成长。树上落下一枚两枚甜嫩的浆果，便使我获得丰富的营养。爸爸，祝您节日快乐！

岁月的白发虽然爬上了您的两鬓，在我看来您却永远年轻，因为在智慧的大海里，您始终与时代的先行者并驾齐驱。爸爸，祝您节日快乐！

我要把无限感激和温馨祝愿献给您，因为您慈祥无比，祝您父亲节快乐！

爸爸不论何时您都是我的拐杖，给我支持，给我方向，给我力量，让我可以走好今后的每一段路。也许有一天，您老到无法再给我支持，但在我心里那份浓浓的父爱仍然会帮助我直到永远！

燃烧的岁月，已将父亲的青春焚尽，但那坚强的信念，仍在父亲额头闪光。父亲在我心目中永远高大伟岸，父亲的爱护、关怀和勉励将伴我信步风雨人生。祝您父亲节快乐！

爸爸，您每日风里来，雨里去，为家人的生计而奔波，您太累了！爸爸，现在女儿长大了，您也该享享福了。祝您父亲节快乐！

爸爸，生活的重担使您过早白了头发，这一切，女儿都看在眼中，记在心上，现在女儿已长大了，爸爸，您就多休息休息吧，祝您节日快乐！

人生之路多坎坷，摔个跟头别难过，爬起来，掸掸土，前方就是一片乐土。老爸您的教诲我永记心头，节日快乐！

爱一生之父母，爱父母之一生。爸爸，不管您是穷是富，是贵是贫，我都永远爱您，您是我心目中的好爸爸。

爸爸，您总是用最平淡最朴素的方式去表达您的爱，但您的爱却足够我享用一辈子。祝您父亲节快乐！

为了我的人生您辛苦了大半辈子！今天是您的节日，我想对您说：谢谢您，我最亲最爱的爸爸！

也许我总令您操心，惹您生气，但在今天——父亲节之际，让我对您说：爸爸，其实我很爱您！

爸爸，记住少抽烟，少喝酒，多运动，您的健康是全家人的幸福。祝您节日快乐！

爸爸，父亲节快乐！这么多年来，您为我付出的太多太多，我这辈子都是报答不完的，希望您每天都开开心心，健康平安。

老爸，我很想您，虽然我不能陪您过父亲节，但我会为您祈福的，希望您健康平安。

爸爸，不管您打过我也好，骂过我也好，我知道都是为了我好，恨铁不成钢，我心里一点也不怪您。我要告诉您，您是我永远的好爸爸。

您是雄鹰，我是小鸟；您是大树，我是小草；您是我老爸，我是您那位特调皮捣蛋的孩子。祝您节日快乐！

您严肃的面容和诚挚的爱时时伴随着我，激励着我。亲爱的爸爸，节日快乐！

父亲给了我一片蓝

天，给了我一方沃土，父亲是我生命里永远的太阳，祝您父亲节快乐！

爸爸，献上我的谢意，为了这么多年来您为我付出的耐心和爱心。祝您父亲节快乐！

虽然您不轻易表露，但我知道您一直都在关心着我。谢谢您，爸爸！

天气变得真快，气温变得真低，出门外套要带，睡觉被子要盖，多吃水果青菜，好好保持心态！老爸节日快乐！

每当想起您我就无比自豪，是您时刻在激励我不断奋进。在这个特殊的节日里我祝福您！

用一缕清风求上天保佑父亲健康、快乐！是您的辛劳才有了现在的我，也得以让我因有您而感到世界的美好。

健康是第一位。如果我的祝福能为您带来健康，我愿日夜为您祈祷。

如果您是一棵沧桑的老树，那么我愿是那会唱歌的百灵鸟，日夜栖在您的枝头鸣叫，换回您的年轻，让您永远青翠。爸爸，我爱您！

爸爸，是您让我拥有了更广阔的天空，是您让我看得更高、更远。

我把无数的思念化作心中无限的祝福，默默地为您祈祷。祝您健康快乐！

今天所有的事我来扛，所有的清闲你来享；不高兴的事远离你，快乐的事全找你。因为今天是父亲节嘛！老爸，祝您天天开心！

咬定青山不放松，父亲，坚定若您，勇敢若您，我深深地爱您。

一首从小就开始唱，而且百听不厌的歌曲：草鞋是船，爸爸是帆，伴我去启航。

爸，您最近身体还好吗？年纪大了，就别太操劳了，您要多保重身体。今天是父亲节，祝您节日快乐！

千里之外，每当我步履沉重时，我总能想起您的目光，然后继续前行。爸爸，父亲节快乐！

岁月能使皮肤逐日布满道道皱纹，我心目中的您，是永远年轻的父亲。

爸爸，在您的节日到来之际，我将无限的感激和温馨的祝愿统统送您，祝您父亲节快乐！

爸爸是我的指路明灯，爸爸是我依靠的大树，爸爸是我的方向盘。亲爱的爸爸，您给我的无私关怀，让我得以健康

地成长。谢谢您，爸爸，祝您父亲节快乐！

当我哭泣时，总有一双大手为我拭去泪珠，那双大手里的柔情驱散了我心里的阴影，那是父亲的手啊！父亲，让我握紧您的手，永远祝福您快乐！长寿！安康！

每一个父亲节来临之际，我都想祝福您，愿您永远保留着年轻时的激情、年轻时的火焰！即使您满头白发、步履蹒跚，我心目中也是拥有一个永远年轻的父亲！祝愿我敬爱的父亲永远年轻！

您额上的皱纹，让我懂得了您的坎坷；你鬓间的银丝，让我了解了您的艰辛；您鼓励的目光，使我扬起挑战风浪的风帆。爸爸，节日快乐！

您今天的脚步为什么如此轻快？难道您已察觉女儿满腔的祝福与心愿了吗？在您的节日里，祝愿您身体安康！永远快乐！

您的节日在我漫长的期待中来临，我把深藏内心的祝福献给您。爸爸，祝愿您节日快乐，身体健康，永远幸福！

您快乐的时候，我身心也欢悦；您忧愁的时候，我心情也低落。为什么能如此心心相印？因为我始终是您生命的一部分。爸爸，节日快乐！

亲爱的爸爸，是您带我走进知识的宝库、人生的殿堂；是您启迪了我的智慧，教给我做人的道理。我深深地感恩。在父亲节来临之际，祝您节日快乐！

所有的思念，更融合着无限的感激与敬仰，使您在节日里幸福、快乐。愿我的祝福使您一生平安。

爸爸，您为了让我拥有一个快乐而充实的童年，付出了很多很多的心血，谢谢您。祝您父亲节快乐！

爸爸，您是一棵大树，庇护着您脚边的绿草，让它们免受风雨侵袭。爸爸，您年复一年屹立在风雨之中，却仍是如此苍翠挺拔！爸爸，我敬佩您。在您的节日到来之际，我把最美的祝福送给您！

父爱深深

　　您没有被写进一篇辞章，您没有被唱成一首颂歌，但您是给我以生命并抚育我成长的土地，我深深地爱着您——父亲！

　　父爱同母爱一样的无私，不求回报父爱是一种默默无闻、寓于无形之中的一种感情，只有用心的人才能体会。

　　我深知您额上的每一条皱纹都是操劳的印记，日复一日，年复一年，您背起东升的朝阳，又驮走西坠的落日。您陪伴我长大，我会永记，我敬爱的爸爸！

　　爸爸，您虽不善言语，但您那种深沉的发自内心的爱真真切切，比潭水还深，比金子还宝贵。

　　父亲，我爱您！扬起的风带着我的祝福，带着我的思念吹向您——我敬爱的父亲！

　　我在您的爱中成长，如今我长大了要用更多的爱来回报您，我最最亲爱的老爸。

　　爸爸，您的生命像夏天的太阳一样火热，有着秋天枫叶一般的色彩，时值霜天季节也显得神采奕奕。

父亲的眼神是无声的语言，对我充满期待父亲的眼神是燃烧的火焰，给我巨大的热力它将久久地、久久地印在我的心里。

找一湖碧水，钓几尾闲鱼，回忆人生得失，心游凡尘。喝一壶老酒，交一群朋友，笑谈人间得失。虽说人在江湖身不由己，但千万别累着自己，父亲！

多一点快乐，少一点烦恼！不论钞票有多少，每天开心就好，累了就睡觉，醒了就微笑，生活的滋味，自己放调料，收到我的短信笑一笑，祝父亲快乐。

装一袋阳光，两把海风，自制几斤祝福托人到美国买了些快乐，法国买了两瓶浪漫，从心灵的深处切下几许关怀，作为礼物送给您。谢谢您，爸爸。

这一刻，捎去我真心的祝福，点缀您那甜蜜的梦，笼罩在您的身边，愿您的生活多姿多彩，幸福快乐一辈子，祝您快乐！

一丝真诚胜过千两黄金，一丝温暖能抵御万里寒霜，一声问候送来温馨甜蜜，您快乐是我最大的心愿，祝您开心！

爸爸，我从没有羡慕过别人的锦衣玉食，因为您给予我的已经足够足够，我为有您这样的父亲而自豪。

父爱如山，爸爸，您是我背后最坚强的臂膀，我爱您！世界上再也没有比亲人的爱更珍贵了。

爸爸，您品德高洁，安于淡泊，您虽然没有给我很多物质享受，却给我留下了最宝贵的精神财富。爸爸，我爱您！

如果世间真的有轮回，那么我愿来生来世，我仍是您的女儿，您仍是我的父亲——至爱的父亲。

年轻人是春天的美，而老年人则能使人体味到秋天的成熟和坦率。爱您，老爸！

您的眼神是温暖的，您给我更多的是关心、是爱护。谢谢您，爸爸。

父亲，祝您快乐！您的爱是崇高的爱，只有给予，不求索取，不溯既往，不讨恩情。我永远爱您！

爸爸，我就是您身边的一只备受关怀的小鸟，今天它为您衔来了一束芬芳的鲜花。祝您快乐！

爸爸，不管您在哪儿，都是我们最向往的地方。

您给予我的是温暖，是爱护。谢谢您，爸爸！

爸爸，是您让我知道爱是广阔的天地，是您让我懂得只有爱才能登高望远。

父亲的爱是我快乐的源泉，父亲的爱是我坚强的动力，世界上再也没有比父亲的爱更宝贵的了。

也许在别人眼中，您只是一个平平凡凡的人，但是在我眼中，您是刚正不阿、清正廉洁的人，是伟大的、不平凡的人。

爸爸，现在我只能用优异的成绩回报您，将来我一定要用事业的成功回报您，尽管这些与您的养育之恩相比微乎其微，但您一定会懂得我爱您的心！

在我苦闷时，您给我快乐在我犹豫时，您坚定我的信念在我孤独时，您给我关怀在我动摇时，您给我前进的信心。感谢上帝，赐我这样一位父亲，一位生命中的挚友。

爸爸的双手又厚又大，夜晚，只要是爸爸给披好被子，定有一个甜美的梦出现爸爸的手好像有魔法，无论身体哪里不适，只要它轻轻一摸，不适全消。亲爱的爸爸，感谢您给了我无穷无尽的爱！

父亲的爱博大而深远。感谢父亲给予我的一切，我会用实际行动来报答您。

在我困难的时候您伸出过无私的手，在我痛苦的时候您奉献过真诚的心，在我失望的时候您伴我同行。啊，在未来的岁月里，我愿把硕果捧给您。

爸爸，您一直是我生命中的榜样，指引我前进的方向！谢谢您，伟大的爸爸！

父亲如阳光，给予我刚强和热情，让我的意志获得磨炼。我很幸运，拥有这样的好父亲。

您的嘴角总是挂着坚强，您的内心总是那么年轻滚烫，您的眼睛总是那么明亮，您的步伐总是那么坚定奔放！我要永远向您学习，亲爱的爸爸！

爸爸，在我心中您是一座山，高大、深沉而富有内涵。你那山一样的性格时刻鼓舞着我，激励着我。

但愿天长久，但愿人长寿。衷心祝愿父亲似苍松翠柏挺拔常青！

爸爸，您虽然不经常说大道理来教育我，我却从您的一言一行中学到了很多很多。愿这份礼物能表达我对您的敬爱之情。

　　您的成功如天边的彩虹，辉映我的理想。爸爸，您令我爱戴，更令我敬仰。

　　长江之水滔滔不绝，正如父亲的爱源源不断。感谢您十几年来将可贵的父爱毫无保留地给了我，女儿已长大，我会用一生的爱来报答您。

　　父爱如醇酒，愈陈愈香，女儿渐渐长大，也一日比一日更懂您心中的梦想。爸爸，请您放心吧，看女儿一步步替您实现久远的夙愿。

　　您的爱从不说出口，我却强烈地感应到。爸爸，让女儿

用行动证明我一样爱您。

在我眼里，您的笑容最美丽，您的眼神最动人，您是女儿心中最美的化身。

您的爱无法衡量，它沸腾在我身心的每一个角落，激励我勇敢前行。

爸爸，您给了我生命，给了我强健的体魄，给了我自信的力量，给了我智慧的启迪，给了我道德的榜样。

人们常赞美宽阔的海洋，而比海洋更宽阔的是天空，比天空更宽阔的是您的心胸。

自己写
赠言

师恩难忘

老师的生日

　　敬爱的老师，生日快乐！愿您的青春犹如东升的朝阳，那朝霞就是您生命的光华。

　　是谁给了我们文明的语言？是谁教会了我们人生的哲学？是谁教会了我们怎样做人？是您，辛勤的园丁，祝您生日快乐！

　　无尽的恩情，我永远铭记心中。在您生日之际，祝福我的老师，生日快乐。

　　亲爱的老师，愿我们的心是朵朵鲜花，盛开在您的天空下，为您的生日增添一点浪漫的情调，为您的生日增添一片美丽的光华。

　　让我为您欢笑，让我为您祝福。敬爱的老师，在您生日的今天，我的心跟您一样欢腾、快乐！

　　让我的祝福，像那悦耳的铃声，萦绕在您的耳畔，留驻您的心间，敬祝老师生日快乐！

敬爱的老师，请收下这张生日卡，请接受学生对您的一颗心，但愿它如鲜花，给您的生活带来快慰。

今天我终于能够飞翔，是您辛勤指导我练就了一双奋飞的翅膀。在您生日之际，老师请接受我对您的衷心祝福。

当我们以挺拔的姿态和热情的双手拥抱天空之时，我们将首先拥抱您——我敬爱的老师，祝您生日快乐！

生日快乐，敬爱的老师！花白的头发，记录了您漫长的艰辛岁月；脸上的皱纹，凝结的是您呕心沥血的劳动荣光！

您的生命是盏映照灵魂的灯火，燃到白炽，青丝便升华为缕缕银丝。祝福您生日快乐！

祈愿所有属于您的日子，像艳丽的花朵，在春风中绽放光彩，祝您生日快乐！

世界由于您，才体现了火一样的热情；人生由于您，才显得壮美和绚丽；我们由于您，才能够茁壮成长！永远祝福您的生日！

今天又是一个美好的开端，幸福、愉快。春天，阳光跟随着您，愿这甜蜜欣喜的日子，永远都属于您。

敬爱的老师，您鬓添白发，减损韵华；您扶持千木，灌注万花。在您生日的今天，我们祝福您愉快健康，永远年轻！

但愿我虔诚的祝福，带给您光明和希望，让瑰丽之花，伴您人生之旅。祝您生日快乐！

每年此日此时，在我心灵深处，悄悄地祝福您，愿每一片美丽的花瓣，捎去我对您的美好祝愿，祝您生日快乐！

有一道彩虹，不出现在雨后，也不出现在天空，它常出现在我心中，敲击着我……认认真真做事，清清白白做人。老师，生日快乐！

敬爱的老师——感恩的季节，风吹过我的眼眸，雨落在心中，几番幕起又幕落，忍不住又忆起童年往事。悄悄地问候您，捎去我的祝福！

存一份怀念在心深处，直到永远……祝福您——我敬爱的老师。

悦耳的铃声，妖艳的鲜花，都受时间的限制，只有我的祝福永恒。永远永远祝福您——给我智慧之泉的老师。

是您用生命的火炬照亮了我前进的道路，我要衷心对您说一声：谢谢您，老师！

在这个特别的日子里，我想对老师说声：老师生日快乐！愿您在今后的日子里更加快乐！

辛勤的汗水是您无私的奉献，桃李满天下是您最高的荣誉。祝您：生日快乐！幸福永远！

老师，您是天上耀眼的星星，您用那明亮的星光照亮每一位学生的心灵，祝福您，感谢您！老师，生日快乐。

您的学识让我们钦佩，您的为人让我们折服，您的节日请让我们共同为您庆祝！老师，生日快乐！

您就像一位辛勤的园丁，我们就像您培植的小树，我们愿在冬天为您抵挡寒冷，春天带给您绿意，夏天带给您凉爽，秋天带给您硕果！老师，生日快乐！

一路上有您的教导，我才不会迷失方向；一路上有您的关注，我才更加自信勇敢。老师，谢谢您！祝您生日快乐！

您的教诲催我风雨兼程，我的祝福伴您昼夜耕耘。老师，生日快乐！

春风化雨，霞光万道；翠草萋萋，秀木萧萧。丛林里传来杜鹃声声：老师您好！老师，生日快乐！

您像一支蜡烛，为学生献出了所有的光和热！您的品格和精神，可以用两个字概括，那就是燃烧！老师，生日快乐！

像天空一样高远的是您的胸怀，像大山一样深重的是您的恩情，请您接受我诚挚的祝福吧，老师，生日快乐！

夜夜是星，闪烁您晶莹而圣洁的汗水；夜夜是灯，照亮您耕耘的土地；夜夜是琴，鸣奏您智慧和灵魂的交响乐……敬爱的老师，祝福您的生日！

亲爱的老师，向您表达我最衷心的感谢。在人生旅途上，您为我点燃了希望之光，您所做的一切润泽了我的心灵，开阔了我的视野。今天我向您致以崇高的敬意！

投之以桃，报之以李。老师，我不会忘了您的谆谆教诲，祝您生日快乐。

在老师的生日里，我要用老师教我写的字，用老师教我的美好词句，为老师写一首最美的小诗……

一张小卡片浓缩了我对您的祝愿，愿您的每一天都充满了幸福和喜悦！老师，生日快乐！

您不仅是一位合格的教师，更是一位好朋友，谢谢您所做的一切。老师，生日快乐！

亲爱的老师，您就像那春天的细雨，滋润着我们的心田。您给予我们的爱和关怀将鼓舞着我们走过艰难困苦。老师，生日快乐！

谢谢您，敬爱的老师。仅这一句远不足以表达我对您的感激之情，但它浓缩了我对您的敬意。

老师，送给您我最特别的祝福，愿它每分每秒都能够给您带来好的心情，希望这是您度过的最美好的生日。

让我这份美好的祝福通过电波，跨过重重高

山，越过滔滔江水，掠过高楼大厦，飞到您的身边：祝您生日快乐！

感谢您的关怀，感谢您的帮助，感谢您为我所做的一切。请接受学生美好的祝愿，祝您生日快乐，天天开心！

亲爱的老师，忙碌了一年，您的生日又到了，学生想对您说：不管何时何地，您永远是我的老师！

拨动真诚的心弦，铭记成长的辛酸，成功的道路上永远离不开您，亲爱的老师，祝您永远幸福！

老师，是美的耕耘者，美的播种者。是您用美的阳光普照，用美的雨露滋润，我们的心田才绿草如茵，繁花似锦。祝您生日快乐！

今天的太阳为您升起，今天的鲜花为您怒放，今天的赞歌为您高唱，今天的雄鹰为您展翅飞翔！老师，生日快乐！

追忆似水年华，描述师生情深，在那青涩的年代，是老师郑重的嘱托为我们纠正了偏离的航向，是老师坚实的双手托起我们灿烂的明天。我要说声：谢谢您，老师，祝您生日快乐！

白色的粉笔末，一阵阵地飘落，它染白了您的黑发，却将您青春的绿色映衬得更加浓郁。生日快乐，老师。

讲台上，春夏秋冬，撒下心血点点；花园里，风霜雨雪，育出新蕊婷婷。这就是您，老师，祝您生日快乐！

您是一棵挺拔的树，曾结过成熟的果实，岁月在您的身上镌刻下苍老的年轮，您的身旁却崛起一片森林郁郁葱葱。在您生日来临之际，请接受我们诚挚的祝福！

老师——愿幸福永远萦绕着您，愿快乐永远伴随着您，祝您生日快乐！

老师，您是伟大的，像一支蜡烛照亮别人燃烧自己。祝您生日快乐，保重身体！

老师您好！您的心血洒遍了莘莘学子，您的辛劳培养了新一代天之骄子，祝您生日快乐，身体健康。

自己写赠言

教师节祝福

人生旅程上，您丰富我的心灵，开发我的智力，点燃我希望的光芒。谢谢您，老师！

春雨，染绿了世界，而自己却无声地消失在泥土之中。老师，您就是滋润我们心田的春雨，祝您教师节快乐。

老师，您的关怀，有如从朔风凛冽的户外来到冬日雪夜的炉边中炉炭的殷红，给我无限温暖。我怎能不感谢您？祝您教师节快乐。

对于您的教诲，我无比感激，并将铭记于心！节日快乐，敬爱的老师！

天涯海角有尽处，只有师恩无穷期。感谢您，老师！祝您教师节快乐。

您用心中全部的爱，染成了我青春的色彩您用执著的信念，铸成了我不屈的性格……老师，我生命的火花里闪耀着一个您！祝您教师节快乐。

鸟儿遇到风雨，总是躲进它的巢里我心上有风雨袭来，总是躲在您的怀里——我的师长，您是我遮雨的伞，挡风的墙，我怎能不感谢您！祝您教师节快乐。

没有您的慷慨奉献，哪有我今天的收获。十二万分地感谢您，敬爱的老师。节日快乐，敬爱的老师！

<hr>

您送我进入一个彩色的天地，您将我带入一个无限的世界……老师，我的心在喊着您，在向您敬礼。祝您教师节快乐。

<hr>

把精魂给了我，把柔情给了我，把母亲般的一腔爱给了我……老师，您只知道给予而从不想索取，我怎能不向您表示由衷的敬意？节日快乐，敬爱的老师！

<hr>

假如我能搏击蓝天，那是您给了我腾飞的翅膀假如我是击浪的勇士，那是您给了我弄潮的力量假如我是不灭的火炬，那是您给了我青春的光亮！

<hr>

敬爱的老师，谢谢您以辛勤的汗水滋润我们的心田，并抚育我们茁壮成长。愿您所有的日子都充满着幸福、欢乐与温馨！祝您教师节快乐。

<hr>

老师，在今天我们身上散发的智慧光芒里，依然闪烁着您当年点燃的火花！祝您教师节快乐。

<hr>

您谆谆的教诲，化作我脑中的智慧，胸中的热血，行为的规范……我感谢您，感谢您对我的精心培育。节日快乐，敬爱的老师！

<hr>

因为您的一片爱心的灌浇，一番辛劳的耕耘，才会有桃

李的绚丽，稻麦的金黄。愿我的谢意化成一束不凋的鲜花，给您的生活带来芬芳。祝您教师节快乐。

忘不了您和风细雨般的话语，荡涤了我心灵上的尘泥忘不了您浩荡东风般的叮咛，鼓起了我前进的勇气。老师，我终生感激您！祝您教师节快乐。

真诚、坚定、谦逊、朴素——这是您教给我唱的歌，这是您指引我走的人生之路。节日快乐，敬爱的老师！

秋风拂过，就像当年您温柔的手、慈祥的话给我最温暖的抚慰，最诚挚的感化。祝福您，亲爱的老师！

老师，您像溢满芬芳的知识之花，让我们轻轻地伏在您面前，吮吸着丰富的知识。师恩难忘，师恩难报，此时此刻，老师，我该拿什么送给您，才能表达心中的感激与尊敬。祝您教师节快乐！

您像一片知识的海洋，源源不断地灌溉着我们这些小河您又像一位慈祥的母亲，用您甜甜的微笑给了我们更多的信心、力量和勇气。

阳光普照，园丁心坎春意浓甘雨滋润，桃李枝头蓓蕾红。祝您节日愉快！

当我们采摘丰收果实的时候，您留给自己的却是被粉笔灰染白的两鬓。向您致敬，敬爱的老师！

一份份诚挚的祝福，代表一颗颗充满感激的心。愿您的喜悦、您的愿望，在您打开这小小卡片时能够同时得到满足！

风吹来，雨打来，雪飞来，年复一年，老师，您总是欣然地站着，巍如高山。分别再久，走得再远，您关注的目光却从未离开过您的学生。谢谢您！

不管工作有多么繁忙，只要记得我时刻都在远方关注您、祝福您就好。哺育学子慈祥心，师恩难忘刻骨铭心，深深祝福谢师情健康长寿福如海！

在这特别的日子谨向您致以永恒的感激之情。祝您教师节快乐！

我的老师呀，我是那么想念您！在这教师的节日里，发个短信送贺词，谢谢您，我尊敬的老师！

今天是您的节日，老师，但这只是您的表面工作，原来，您真正的身份是人类灵魂的工程师！

岁月流逝，我们都已长大，可您的两鬓却已斑白。我们只能对您说老师，教师节快乐！

一个个日子升起又降落，一届届学生走来又走过，不变的是您深沉的爱和灿烂的笑容。敬爱的老师，并不是只在今天才想起您，而是今天特别想念您！让我借短信送上教师节祝福祝您健康快乐！

学而不厌，诲人不倦，桃李芬芳，其乐融融。祝福您，教师节愉快！

老师，在阳光下，您给我们雨露。老师，在大地上，您给我们阳光。您是伟大的，您是无私的，祝老师节日快乐！

自己写
赠言

辛勤的园丁

老师，您用爱，复苏了我的自尊，哺育了我的自信，点燃了我的理想之火，催发我踏上了新的征程。

您用火一般的情感温暖着每一个同学的心房，无数颗心被您牵引激荡，连您的背影也凝聚着滚烫的目光……

您不是演员，却吸引着我们饥渴的目光；您不是歌唱家，却让知识的清泉叮咚作响，唱出迷人的歌曲；您不是雕塑家，却塑造着一批批青年人的灵魂……老师啊，我怎能把您遗忘！

刻在木板上的名字未必不朽，刻在石头上的名字也未必流芳百世。老师，您的名字刻在我们的心灵上，这才真正永存。

您的思想，您的话语，充溢着诗意，蕴涵着哲理，又显得那么神奇——啊，在我的脑海里，它们曾激起过多少美妙的涟漪！

您推崇真诚和廉洁，以此作为为人处世的准则。您是莘莘学子心目中的楷模。

在我的心目中，您是最严厉的父亲，又是最慈祥的妈妈，您是无名英雄，又是教坛名师。

您的谆谆教导，时时闪现在我的眼前；您的品行人格，永远珍藏在我记忆的深处。

啊，老师——人类灵魂的工程师，唯有这光辉的名字，才有着像大海一样丰富、蓝天一样深湛的内涵！

老师，这个光彩夺目的名称，将像一颗灿烂的明星，永远高悬在我们的心中。

即使我两鬓斑白，依然会由衷地呼唤您一声——老师！在这个神圣而崇高的字眼面前，我永远是一个需要启蒙的学生！

毫不吝惜地燃烧自己，发出全部的热，全部的光，全部的能量。老师，您像红烛，受人爱戴，令人敬仰！

有人说，师恩如山，因为高山巍巍，使人崇敬。我还要说，师恩似海，因为大海浩瀚，无法估量。

您在学生的心目中，是"真的种子，善的信使，美的旗帜"。

您是严冬里的炭火，是酷暑里的绿荫，是湍流

中的踏脚石，是雾海中的航标灯——老师啊，您言传身教，育人有方，甘为人梯，令人难忘！

老师，感谢您用自己的生命之光，照亮了我人生的旅途。对您，我满怀感谢之情。

当我还小时，您像是本百科全书带我探索未来。长大后，您就像我的导航标指引着我的前程！当我第一次走进课堂，叫您一声老师时，便意味着我一生都是您的学生。

春蚕到死丝方尽，蜡炬成灰泪始干。老师，您辛苦了！

传道，道行高；授业，业绩广；解惑，惑无也！传播知识，就是播种希望，播种幸福。老师，您就是这希望与幸福的播种人！

初涉知识海洋的我，差点儿"窒息"，是您——老师，默默地给我补充知识的"氧气"，无私但无价。

老师，您是慈祥的母亲，在怀抱里抚育希望，在摇篮边培养文明。您驱走愚昧，换来智慧，精心雕琢出一

颗颗美好的心灵。

一生平凡，一世艰辛，默默把知识奉献。您是文明的使者，您是辛勤的园丁。衷心感谢您，祝您健康快乐！

我们从幼稚走向成熟，从无知走向文明。是您，亲爱的老师，您用生命的火炬照亮了我前进的道路。

我歌颂粉笔。它给予我学问，勾勒我的灵魂，指点我的前程，那美丽的粉笔不正是您的化身吗？谢谢您，老师！

您讲的课，是那样丰富多彩，您的每句话使我们犹如久旱的树苗得到滋润，我们就是在您的滋润下，长成参天大树的。

我虔诚得不敢寻觅其他词汇，因为老师这两个字本身就是世界上最崇高的敬词。

老师，您的形象表达了您对"太阳底下最光辉职业"的虔诚，您用生命和热血浇铸了这灵魂的工程！

您是水，滋润了我们这些幼苗；您是火，点燃了我们的心灵；您是光，照亮了我们的道路；您是热，温暖了我们的心窝。

老师的话语如同青春的脚步，走过的路旁，便勃发红花绿草；又似优美的歌声，在我们心中萦绕。老师启迪我们的智慧，陶冶我们的情操！

讲台上，书桌旁，春夏秋冬，洒下心血点点。辛苦了，我的老师。

您就像一棵绿叶如盖、摇曳多姿的大树，枝蔓一直伸到天边，枝头挂满了成熟的甜果。

教师是一朵与人无争、静静开放的山百合，她洁白而高尚。

老师，除了父母之外，您是第二个扶着我在人生道路上攀登进取的最亲密的长辈。

老师，您像那些青松翠柏，不管春秋冬夏，无论南北东西，随时随地都在吐着清香。

默默无闻育出桃李满天下，拳拳有志造就栋梁兴中华。

春天把花朵赐予大地，园丁把青春献给花朵。

愿学春蚕吐尽银丝织春锦，甘当人梯费尽心力育人才。

当我已经能自由翱翔，老师，您可知道，您是我双翼下振翅的风。

老师，是您不惜耗干了自己的心血才有了我们的成长。两年后的今天，是谁为您拂去双肩的粉笔灰？

　　轻轻一声问候，不想惊扰您，只想真切地知道您一切是否安好。身体安康是学生们最大的安慰。谢谢您付出的一切！

　　是您托起我的理想之帆，是您点燃我的知识之火。您是我一生敬重的人！

　　老师，在上学的时候我就默默无闻，但对于您的尊敬，使现在的我不能再沉默，我要说一声：老师您好！

　　老老实实育人，世世代代受敬，宁愿白了双鬓，好让小树成材。

　　为孩子，为事业，您献出了一片赤诚的心。老师，您是最好的母亲。

　　老师您像霞光，又比霞光更璀璨、更辉煌。霞光只伴红日行，您却不分昼夜、不分阴晴，时时温暖我们的心。

　　理想的境界一片锦绣，老师，您就是我们的导游；人生的道路坎坷不平，老师，您就是我们的铺路石。

为了寻找大海，小溪在千山万壑之间永不停歇地流淌，曲曲折折地向前。亲爱的老师，您对事业的追求精神，多像这不尽的溪水呀！

您披一身星光，耕耘于繁花似锦的田野。我们的童年，记满您热情洋溢的诗句；我们的未来，就酝酿在您的怀里。

您给了我们一把生活的尺子，让我们自己天天去丈量；您给了我们一面模范行为的镜子，让我们处处有学习的榜样。

电扇，为了送人凉风，宁可烧热自己；砂轮，为了刀刃锋利，宁可献出自身。老师啊，您不就是这样做的吗？

我的心头燃烧着您点亮的理想之光，这是比朝霞还灿烂的光，这是比太阳还强烈的光，这是比彩色缤纷的北极光还引人入胜的光！

滴水，可以穿透顽石；微雨，可以滋润幼苗；慈爱，可以医治心灵的创伤。老师，您就如那暖人心田的水滴、灌溉幼苗的细雨，您的爱心培育着多少稚嫩的心灵！

用语言播种，用彩笔耕耘，用汗水浇灌，用心血滋润，这就是我们敬爱的老师崇高的劳动。

尽管风雪扭弯了您的枝条，但无法折断您坚韧的脊梁；尽管冰雪冻结了您的枝干，但不能凝滞您走向春天的理想。啊！老师，您是我心中的一株参天树。

如果没有老师辛勤的耕耘和浇灌，我们的智慧之花怎能开得如此热情奔放。

时间的流逝，皱纹的增多，是您的辛劳；时间的流逝，知识的增长，是您的血汗；时间的流逝，人才的出现，是您的硕果！

是谁把雨露洒遍大地？是谁把幼苗辛勤哺育？是您，老师，您是一位伟大的园丁！看这遍地怒放的鲜花，哪一朵上没有您的心血，哪一朵上没有您的笑影！

我歌颂火柴，歌颂它神圣的使命：一点火星，引来烈焰腾腾。老师，我更要歌颂您，是您用心灵的火，引燃了我们火红的青春。

萤火虫的可贵，在于用那盏挂在后尾的灯，照亮别人，您的可敬，则在于您用那无私奉献的心，传播知识。

啊，有了您，花园才这般艳丽，大地才充满春意！老师，快推开窗子看吧，这满园春色，这满园桃李，都在向您敬礼！

您用自己的才华作为动力，鼓起孩子们求知的风帆；您用自己的爱化作阳光，照亮孩子们心灵的每个角落。

您犹如花匠，用那长满老趼的手，用那被乱石荆棘划得伤痕累累的手，创造了永不凋谢的花朵，创造了人间的美。

老师，如果把您比做蚌，那么学生便是蚌里的砂粒；您用爱去舔它、磨它、浸它、洗它……经年累月，砂粒便成了一颗颗珍珠，光彩熠熠。

老师，您是那摆渡的船工，送求知者登上进取的征途，尽管眼里时时露出倦意，摇动的双桨却依然坚定。

您像一支蜡烛，虽然细弱，但有一分热，发一分光，照亮了别人，耗尽了自己。这无私的奉献，令人永世不忘。

您有默默无私的奉献，您有春蚕丝尽的精神，您有桃李满天下的硕果，您有惊天动地的伟业。您——人类灵魂的奠基者。

您是未来的奠基人，让每朵花儿吐露清香；您是知识的传播者，使每颗幼小的心灵充满了知识。啊，尊敬的老师，您把深藏在心间的光与热，毫不吝惜地献给了祖国的未来！

在生命之旅中，生活一会儿把您抛到谷底，一会儿又把您推上浪尖，唯有一点不变的，是您那颗对孩子们的爱心。

平凡的事业，却展示了您伟大的人格；盛开的鲜花，也凝聚了您挚爱的心血。

每当夜幕降临，有一颗最亮的星星，印在您的窗帘上，这是您不眠的心。老师，您每天最后告别长夜，又最先迎来黎明。

您是温暖的春风，吹开了大地的芬芳桃李；您是久旱中的甘露，滋润了渴求乳汁的花草……

同窗好友

朋友的生日

　　一天天编织着粉红色的思念，一天天期盼着草绿色的归帆，一天天传递着我真挚的祝福。蓦然，想起今天是你的生日，我的朋友，你听，风儿带去了远方的我送给你的祝福——生日快乐！

　　送你一份礼物，表我一曲心声。年年长新知，岁岁更进步。祝生日快乐！

　　世上若有诤友，那就是如你对我那样关怀的朋友。我的挚友，祝生日快乐，新的一年中好运、健康、快乐！

　　当我把神灯擦三下后，灯神问我想许什么愿？我说我想让你帮我保佑一个正在看短信的人，希望那人生日快乐，永远幸福。

　　大海啊它全是水，蜘蛛啊它全是腿，辣椒啊它真辣嘴，认识你啊真不后悔。祝生日快乐，天天开怀合不拢嘴。

寿星佬，我祝你所有的希望都能如愿，所有的梦想都能实现，所有的等候都能出现，所有的付出都能兑现。

难忘的是你我纯洁的友情！可贵的是永远不变的真情！高兴的是能认识你！献上我最爱的康乃馨，祝你生日快乐！

送你一杯我精心调制的果汁，里面包含 100cc 的心想事成，200cc 的天天开心，300cc 的活力十足，祝生日快乐。

日光给你镀上成熟，月华增添你的妩媚，在你生日到来的时候，愿朋友的祝福汇成你快乐的源泉！

又是一个美好的开始，愿我虔诚的祝福，带给你成功的一年，祝你生日快乐！

祈望你心灵深处芳草永绿，青春常驻，笑口常开。祝你生日快乐，健康幸福！

愿你的容颜像春天般绚烂，衷心祝福你——善良的女孩，生日快乐！

关上心门，浮现你幽默的话语，率真的性情。你是涓涓细流，滋润着我的心田……生日快乐！

愿快乐的歌声时时刻刻围绕着你，使你的人生充满喜悦和幸福！

给你我最特别的祝福，愿它每分每秒都能够给你带来好的心情，希望这是你度过的最美好的生日。

人生难得一知己，真朋友难求。你就是我真正的朋友。在你生日到来的时候，请接受我真挚的祝福生日快乐！

轻轻一声祝愿，胜过千言万语，当你生日的钟声敲响时，别忘了我的祝福，祝你生日快乐！

长长的距离，长长的线，长长的时间抹不断。今天是你的生日，远方的我一直在惦念着你，祝你生日快乐！

小小的礼物，珍贵的情谊，这表达了我对你的浓浓祝福，愿你喜欢，愿甜甜蜜蜜属于你的生日，属于你所有的日子。

祝我快乐的、漂亮的、热情奔放的、健康自信的、充满活力的朋友，生日快乐！愿你用欢声笑语，热诚地感染你的伙伴们！

愿友谊之手愈握愈紧，让相连的心愈靠愈近！我最要好的朋友，祝你生日快乐！

青春和才智携手同行，无疑是世间最美好的景象，而这两者你都具备了，今天，愿你的青春和才智，为你带来一个更美好的明天！生日快乐！

声声的祝福，深深的情谊，请小溪捎带着这一切，路过你的家门时送给你。祝福你的生日。

岁月总是愈来愈短，生日总是愈来愈快，友情总是愈来愈浓，我的祝福也就愈来愈深。

拥有一份美好的友谊，如同拥有一份甜美的祝福祝你健康，愿你快乐。但愿我的千万个祝福，永远伴你左右。生日快乐！

没有五彩的鲜花，没有贵重的礼物，没有兴奋的惊喜，只有轻轻的祝福，祝你生日快乐！

这一刻，有我最深的思念，让云捎去满心的祝福，点缀你甜蜜的梦，愿你度过一个温馨浪漫的生日！

酒越久越醇，朋友相交越久越真水越流越清，世间沧桑越流越淡。祝你生日快乐，时时好心情。

悠悠的云里有淡淡的诗，淡淡的诗里有绵绵的喜悦，绵绵的喜悦里有我轻轻的祝福，生日快乐！

生日快乐！我要送你一份100%纯情奶糖成分＝真心＋思念＋快乐，有效期＝一生，营养＝温馨＋幸福＋感动。

蛋糕香，快乐酒，童年儿趣风吹过。许愿祝福生日歌，欢声笑语生日贺。今日挥手自兹去，明年同日再相聚。

日月轮转永不断，情若真挚长相伴，不论你身在天涯海角，我将永远记住这一天。祝你生日快乐！

太阳是金色的，月亮是银色的，你的生日是彩色的。愿你被幸福环绕，被好运追逐，被快乐降伏，被笑容粘住。那时别忘了，有人在远方为你祝福，生日快乐！

你并不是为我而生，可我却有幸曾与你相伴。愿我有生之年，年年为你点燃生日的蜡烛。

只是一个小小的问候，但那是我的挂念虽然只是一句轻轻的祝福，但那是我的心声虽然只是一首心曲，但那系着我俩的友谊。祝生日好心情！

荧荧的背景灯照耀你的脸颊，虽然微弱，却可以延伸很远。看完这条消息，许个心愿，让满天的星都为你祝福！

这是人生旅程的又一个起点，愿你能够坚持不懈地跑下去，迎接你的必将是那美好的充满无穷魅力的未来！生日快乐！

愿电波带着我的祝福将幸福、好运送给你。祝你生日愉快！天天愉快！

为这属于你的日子，舞出欢乐的节拍。祝你生日快乐！

你我相识许久！难忘的是你我纯洁的友情！可贵的是永远不变的真情！高兴的是能认识你！献上我最爱的红玫瑰，祝你生日快乐！

在你缤纷的人生之旅，在你永远与春天接壤的梦幻里，愿祝福萦绕着你。祝你心想事成！幸福快乐！生日快乐！

自己写赠言

依依惜别情

　　分别是黑夜里的流星——短暂；友谊是天空中的恒星——永存。愿我们每一次分别，如流星般悄悄划过；望我们每一份真情，如恒星般闪闪发光。

　　相知是天意，相识是人意，相加便是友谊，有情便有意，我们能聚在一起，因为心有灵犀。

　　人在旅途，难免会遇到荆棘和坎坷，但风雨过后，一定会有美丽的彩虹。我希望看到一个坚强的我，更希望看到一个坚强的你！

　　我们拥有的每一个春秋，每一次游戏，每一次探讨，每一次争吵，都将成为我记忆中珍贵的一页。

　　还记得吗？军训场上的一顶顶红帽，阅兵场上嘹亮的口号。是的，从那时起，我们共同踏进了这片令人神往的天地……

　　我的朋友，你的声音飘荡在我的心里，像那河水的低吟之声，缭绕在静听着的松林之间，像露珠依恋着美丽的花朵，让我忘掉了人间的忧愁。

　　昨日，我们来到这里；今日，又要匆匆离去。请道一声珍重，莫忘了我们以后的相聚。

此刻一切似乎暗淡，唯有和你在一起打闹的日子，在记忆的山谷里永远闪着光芒。

聚也不是开始，散也不是结束，同窗数载凝结的无数美好瞬间，将永远铭刻在我的记忆之中……

那以往的同窗生活，是一串糖葫芦，那迷人的甜和酸，将永远回味不完。

同窗几年，你把友谊的种子撒在我心灵上。我将默默地把它带走，精心浇灌、栽培，让它来日开出芳馨的鲜花。

柳荫下握别百般惆怅，同窗数载少年情长，望征程千种思绪，愿友情化为奋进的力量！

小舟在青春的港口起航，满载着理想和追求。我们暂时分手，重新相聚在何时？将在那丰收的时候！

三年，在人生的旅程中不过是短短的一段，然而和你同桌三载，却一生难以忘怀。你是我记忆中的一粒珍珠，心的天幕上的一颗明星。

让我们迈开双腿，去洒一行汗水，去踏一路雷声！校门外，有的是鲜花簇拥的前程！

你留给我的，是美丽的记忆，是怀念少年时的纯真和友谊。当我捧起记忆中的佳酿想请你喝时，却先醉了自己。

像蜂蝶飞过花丛，像清泉流经山谷，在记忆的心中，学生时代的生活，恰似流光溢彩的画页，也似一阕跳跃着欢快音符的乐章。

小鸟在枝头唧唧喳喳，多像我们当年的窃窃私语和那一串串咯咯的笑声……短暂的离别使我们的友谊更加深厚。

毕业意味着一个梦已实现，预示着另一个梦将开始，不必为离别而悲伤。

不要让哭泣占据了离别的主题，笑一笑吧，离别是相聚的序曲。

不要让时间冲淡友谊的酒，不要让距离分开思念的手，我永远、永远不会忘记你，我的朋友，我的同学！

不要为离别而遗憾，人生本是由一连串的离别组成的，我们告别过去，正是为了珍惜现在和开拓未来。

不愿告别，却在告别那稚气的年月；不愿告别，总在告别那多梦的季节。

愁云遮不住往日的欢乐，距离隔不断相互的情感，让我们互相勉励，泪水沾不上我们这美好的别离。

过去的点点滴滴，汇成小河，汇成大海，留下一片蔚蓝，留下纯洁的回忆。

火红的彩霞在雨后，真诚的友谊在别后；流水不因石而阻，友谊不因远而疏。

离别，有点难舍，但不怅然；有点遗憾，但不悲观。因为还有相逢的希望在安慰。

那个拨动着六弦琴的你，那个满不在乎地扬起黑发的你，即将像一只鸽子般地飞走了，多少年后，还能记得与我曾经同桌苦读的这段日子么？

在这人生的十字路口，让我们再一次握手，道一声：珍重，朋友。愿你能迎向新的、更高的挑战！

明晨的离别，但愿云彩、艳阳一直伴着你走到远远的天涯，鲜花、绿草相随你铺展远大的前程。

人生有相聚也有分离。在这分离之际，我要衷心地祝福你，让阳光普照你前进的路，让浪花沐浴你的人生旅途，让彩虹铺满你的锦绣前程。

今日同窗分手，说一声"珍重"！明朝校友相逢，贺一句"成功"！

青春的脚印留在校园的小路上，笑语欢歌留在花坛的馨香中……母校的每一个角落，都珍藏着我们的友情，弥漫着我们的幻想。

青春的树越长越葱茏，生命的花愈开愈艳丽，在你即将离别校园的这一天，请接受我对你深深的祝福。

人生总有悲欢离合，草木也有荣枯，六年同窗此时一别，但愿明天再次相逢。

你说过你的未来不是梦，那么，在毕业之际，让我们彼此共勉：有风雨，才有彩虹；有奋斗，才有成功。

如果让哭泣占据了离别的主题，那么离别的序曲将充满了悲泣，让欢笑来为我们送行吧，这才是我们真正的情谊。

七月——你我分离的日子，给这个火红的季节增添了一丝伤感的气息。几年情谊如那轻风吹过，如歌的涛声似在轻轻说着："勿忘我！"

世间最令人难以接受的是别离，离别之苦挥之不去，抹之不去，在心中印下一条深深的痕迹，这道痕迹，将成为我们新的起跑线。

认识你是快乐，离开你是痛苦，在离别的日子里，支持着我的是对重逢之乐的深切期盼。

我们不得不分离，轻声地说声再见。心存感谢，感谢你曾给我一份深厚的友谊。

我永远不会抹去对你的记忆，请你亦偶尔想想我、看看我。祝事事如意，幸福快乐。

自己写赠言

为朋友加油

把握现在，是一种明智的选择，因为它属于你我。不要悲痛地回忆过去，因为它已经一去不复返了。请带着一颗男子汉的心，勇敢地去迎接未知的明天吧。

不要任凭命运摆布，任凭命运支配应该凭自己的力量从飘摇中掌握命运，从困境中扭转命运。但愿你在人生路上能以此勉励自己。

不要为这点小事沮丧，不要认为失去了一切，成功的路不止一条。重新开始，只要能好好地把握，其实还有很多的机会。

不要说暴风雨曾打折过稚嫩的枝叶，不要说严寒曾窒息过幼小的心灵。只要你有信心，一切都会过去，天会放晴，太阳会升起。

当你因受到挫折而忧愁时，请以微笑来排遣，那么，你会发觉世界仍是海阔天空，生活仍是那么美好，从而激起继续奋斗的勇气。

丢掉心中的彷徨，拂去眼角的忧伤，新的一天新的路，走吧，鲜花正盛开在你的前方！

泪水浇不出花朵，只能使自己遭受更大的伤害。欣然面对现实，乐观将为你谱写出新的未来。

没有风浪，就显示不出帆的威力没有曲折，就无法品味人生的乐趣。愿你在风浪中奋勇挺进，在崎岖的山路上努力攀登！

你愉快地点燃那一支支生命的蜡烛吧，不要为失去的叹息，不要为尚未得到的担忧，只要心里充满希望，光明便会永远属于你和你的未来。

你是停在青春港口的一叶小舟，愿你扬起信念的帆，带着希望的梦，驶向辽阔的海洋。

逆水行舟的人，流水会嘲笑他踟蹰不前甚至后退，但青天和大地却在赞扬他的顽强搏击。

平静的湖面，练不出精悍的水手安逸的环境，造不出时代的伟人。愿你投身于时代的激流，做一个勇敢的弄潮儿！

鸟儿有高远的心，你有崇高的目标鸟儿有强健的翅膀，你有毅力和意志的双翼。飞吧，祝你鹏程万里！

伸展在你面前的生活之路，像彩虹一样瑰丽。起步时，也许坎坷不平，鼓足勇气走下去，前程似锦。

人生的道路，从来不是笔直的。每个人在生命的旅途中都会遇到许多曲折和不幸。当你绕过曲折，排除不幸，就意味着你又前进了一步。

我的朋友，永远不要在峡谷里停留，勇敢地冲出去，前面就是平坦的大道！

天空吸引你展翅飞翔，海洋召唤你扬帆启航，高山激励你奋勇攀登，平原等待你信马由缰……出发吧，愿你前途无量！

童年无忧无虑的生活一去不复返，迎接我们的是一个陌生的世界，愿你鼓起生命的风帆，去征服那坎坷的人生之路。

我默默地祝福愿你永远坚强，像一棵劲松，任凭风吹雨打，向困难挑战，永不动摇。

相信你能战胜不幸和挫折，摆脱命运的捉弄，扭转残酷的厄运，做主宰自己命运的人。

像枫叶，在严霜中那么火红像松柏，在朔风中那么苍翠像腊梅，在冰雪中那么傲然——那才是生活的强者。

像星星，像闪电，像领头的鸟儿，在属于你的时间和场所，大胆地亮出你自己。

信心对于临考的你来说实在是太重要了，相信充分的准备能为你架设摘取胜果的阶梯，最终如愿以偿。

信心和意志是挫折和困难的天敌——请相信自己，一切磨难都会成为过去，迎接和拥抱你的永远是希望。

我听见种子在泥土里唱着希望之歌我看见笋芽儿在使劲冲破坚土。拼搏吧，我的朋友，成功的命运，掌握在你自己的手中！

也许，你曾失去昨夜梦境里一个美妙的愿望也许，你曾失去今晨朝霞上一个七彩的憧憬也许，你曾失去傍晚夕阳中一个斑斓的寄托……但是只要你不懈地努力，不曾失去不断完善的自我，青春的暖风就将鼓满你生命的帆。

与生活海洋的底部一样，在知识海洋的底部，是一片无比深奥的世界。愿你勇敢地潜到那知识的海底，去探索世界的无穷奥秘！

愿你在新的人生之旅中，架起一座七彩桥，那里有红色的热情，黄色的向往，蓝色的奋斗，绿色的明朗，白色的宁静，还有紫色的潇洒。愿你拥有一个七彩的人生。

在人生的道路上，决不会一帆风顺，千万不要在困难面前畏缩、却步，勇敢地去拼搏吧！愿你成为生活中的强者、社会的栋梁。

在生活的画卷中，偶尔抹上一道灰色，并不预示着你的沉沦，重要的是，能在灰色中提取绿色的希望。

这片海洋不属于你，定有属于你的天空这片天空不属于你，定有属于你的海洋。

暂时的失败并不说明你无能，持久的努力将使你拥有一个完整的人生。只有在遭受痛苦经历时，仍然能笑，仍然能乐观地生活的人，才称得上是真正坚强的人。

只要不降下前进的风帆，你一定会到达成功的彼岸。你的一切希望和五彩的梦，都能在拼搏中成为现实。

烛光，照亮了你人生旅途的崭新路标拳拳的祝福，赋予你生活的悠远内涵。路还长，向未来跨步吧！

厄运中并不是没有安慰与希望，幸运中也并不是没有恐惧与烦恼。我的朋友，希望你能保持一颗平和的心，宠辱不惊。

机会总是会有的，重要的是看你能否把握住它，看你是否有坚持不懈的精神。

理想不抛弃苦心追求的人，只要不停地追求，你就会沐浴在理想的光辉之中。

朋友，扬起风帆，像哥伦布那样，在人生的大海上，开辟一条崭新的航路，发现一个崭新的世界！

如果你经历了人生的坎坎坷坷，请你不要过分悲伤，而要把它视为财富，因为在天空里，磨难是闪着幸福之光的群星。

如果想要脚印留得深，就别光拣平坦舒适的道路走。你是我心中的勇士，因为你走的是一条自己踩出来的崎岖路。那留在人生路上深深浅浅的脚印是多么动人。

自己写
赠言

与朋友共勉

　　宝石用五彩镶边，才会更加夺目；险峰只有土坎相陪，才显得更加威武。

　　愿你成为大海的弄潮儿，我便是大海中的一叶扁舟，只有同舟共济，才能战胜狂风恶浪，达到幸福的彼岸。

　　成绩和劳动是成正比的，有一分劳动就有一分成绩。日积月累，从少到多，奇迹就可以创造出来！

　　挫折并不可怕，可怕的是沉溺于失败和懊丧之中不能自拔。一切都可以重新开始，希望就在前方。

　　汗水是滋润灵魂的甘露，双手是理想飞翔的翅膀。

　　高尔基笔下的海燕，面对狂风暴雨会高喊："让暴风雨来得更猛烈些吧！"胸怀大志的人就像那海燕，勇敢地对抗着生活的暴风雨。

　　钢是在烈火里燃烧，在高度冷却中炼成的，于是它才变得坚固而无所惧怕。

　　涓滴之水终可磨损大石，不是由于它力量强大，而是由于昼夜不舍地滴坠。

困难和挫折是有好处的，这是一种锻炼，是推动人继续前进的动力。

攀登，人生就是攀登！让我们背负着命运给予的重载，艰苦跋涉，攀登上一个又一个意识、品德、情操、知识的高峰吧！

人生如滔滔狂澜中的一叶小舟，一帆风顺是奇迹，随时遇险才是常规。

虽然有暴风雨，有荆棘阻碍，但我们千万不要遇暴风雨就退缩，也千万不要遇着荆棘就不前，须知光明之城，在暴风雨、荆棘之后呀！

一步一步走下去，踏踏实实地走，永不抗拒生命交给我们的重负，这才是强者。

有困难是坏事，但也是好事，困难会逼着人想办法，困难环境能锻炼出人才来。

有早春的萌芽就会有金秋的果香，只要精心地培育总会长出累累硕果；生命的路，尽管泥泞崎岖，艰难漫长，只要我们走下去，总会到达理想的境界！

愿我们像一条静穆的大河，不管夹岸的青山，辽阔的田野，也不管风和日丽，雷电雨雪，只管不舍昼夜，永远向前流去。

不要乞求清冷而遥远的星光来照耀人生，让自己心中的太阳升起来，它才会一辈子散热发光。

把黄昏当成黎明，时间就会源源而来；把成功当做起点，成绩就会不断涌现。

挫折与打击，固然能使有些人消沉、俯首或倒下，但也能使更多的人清醒、振奋或挺身而起。

大胆地去追求事业……只要肯奋斗，一切美好的东西，我们都会拥有。

无论黑夜怎样悠长，白昼总会到来的。请相信希望的黎明终会降临。

灰心生失望，失望生动摇，动摇生失败。

请与灰心告别，与信心结为知已。

我们常说要做生活的强者，即使在困难重重的时候，也要看到希望，把精神振作起来，充满必胜的信心。

苦难对于人生是一块垫脚石，对于能干的人是一笔财富。苦难之后是希望，希望属于生活的强者！

坎坷，它常常横在人生道路上，考验人们的意志，它会把弱者绊得一蹶不振；而对于强者，它却是借以登上理想巅峰的石阶。

命运并非机遇，而是一种选择，我们不该坐等命运的安排，而必须靠自己的努力创造命运。

人生就要迎接挑战。尝试便是一个美好的开始，不去尝试，怎么能够找到新的机会呢？

人生之光荣，不在永不失败，而在能屡败屡起。对于每次跌倒而立刻起来，每次坠地后像皮球一样跳得更高的人来说，是无所谓失败的。

人是从苦难中成长起来的，唯有乐观奋斗，才能不断茁壮成长，反之则易被埋没，默默终生。

人生总是在不断的追求中度过。在这个过程中，有失败的痛苦，也有成功的喜悦，正是这种快乐与痛苦的交替，才使人生显得如此多姿多彩。

谁愿意做一个在生活海洋中的采珠人，谁就可能拥有一个珍珠般的人生。

我们不能改变昨天，也不能将明天提前，因此无论是我还是你，只能使每个今天过得尽可能充实、美丽。

希望是隐藏在群山后的星星，探索是人生道路上执著的旅人。

希望之光在地平线上已经冉冉升起，别再犹豫了，站起来，张开双臂，快去迎接满天的朝霞！

自己写
赠言